创新者的变现力

避开百种死法，将企业创新成功率从抛硬币变成板上钉钉

［美］马克·佩恩（Mark Payne）著　易伊译

"互联网+"时代
《从0到1》
实践版

SPM
南方出版传媒
广东人民出版社
·广州·

图书在版编目（CIP）数据

创新者的变现力/（美）佩恩著；易伊译 . — 广州：广东人民出版社，2015.12

ISBN 978-7-218-10527-7

Ⅰ．①创… Ⅱ．①佩… ②易… Ⅲ．①企业创新 Ⅳ．①F270

中国版本图书馆CIP数据核字(2015)第262877号

How to Kill a Unicorn by Mark Payne
Copyright © 2014 by Fahrenheit 212
Simplified Chinese edition copyright © 2016 by Grand China Publishing House
Chinese language edition published in agreement with Abrams Artists Agency and The Grayhawk Agency.
All rights reserved.

No part of this book may be used or reproduced in any manner whatever without written permission except in the case of brief quotations embodied in critical articles or reviews.

本书中文简体字版通过 Grand China Publishing House（中资出版社）授权广东人民出版社在中国大陆地区出版并独家发行。未经出版者书面许可，本书的任何部分不得以任何方式抄袭、节录或翻印。

ChuangXinZhe De BianXianLi
创新者的变现力
[美]马克·佩恩 著　　易 伊 译　　　版权所有　翻印必究

出版人：曾 莹

策　　　划：	中资海派
执行策划：	黄 河　桂 林
责任编辑：	肖风华　古海阳　张 静
特约编辑：	涂玉香　张 艳
版式设计：	王 雪
封面设计：	零创意文化

出版发行：广东人民出版社
地　　址：广州市大沙头四马路10号（邮政编码：510102）
电　　话：(020) 83798714（总编室）
传　　真：(020) 83780199
网　　址：http://www.gdpph.com
印　　刷：深圳市汇亿丰印刷科技有限公司
开　　本：787mm×1092mm　1/16
印　　张：16.5　　字　　数：205千
版　　次：2016年2月第1版　2016年2月第1次印刷
定　　价：45.00元

如发现印装质量问题，影响阅读，请与出版社(020－83795749)联系调换。
售书热线：(020) 83795240

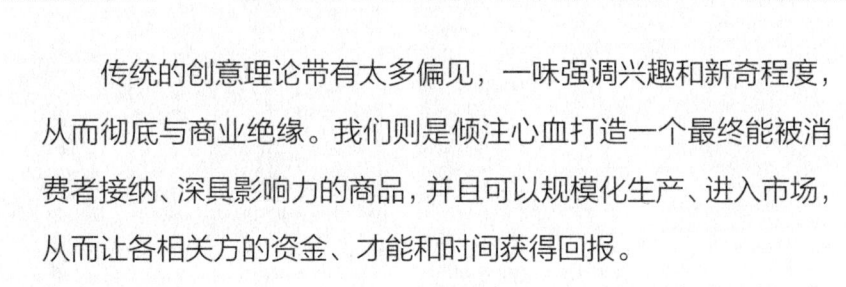

传统的创意理论带有太多偏见,一味强调兴趣和新奇程度,从而彻底与商业绝缘。我们则是倾注心血打造一个最终能被消费者接纳、深具影响力的商品,并且可以规模化生产、进入市场,从而让各相关方的资金、才能和时间获得回报。

推荐序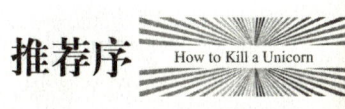

避开百种死法，
将企业创新成功率从抛硬币变成板上钉钉

IEG 公司亚太区副总裁

IEG 创新学院院长

国际粹智（TRIZ）学会 执行院士

姜台林博士

众所周知，不创新是等死，创新是找死。但是，马克·佩恩证明了这句话的后半句是错误的，是对企业创新的一种严重误导。因为这句话会导致许多需要创新的企业裹足不前，畏首畏尾。而马克·佩恩在创新咨询中的应用实践证明，企业创新的成功率不必像抛硬币那样听天由命，而是可以达到60%～80%成功率的。可想而知，将创新是否成功的概率提高到60%～80%，这是一件多么重要而又令人难以置信的事情。

现在问题就变成了马克·佩恩是如何定义"创新"及"创新成功"了。

通常情况下，人们会把企业创新分为组织创新、技术创新、产品创新、管理创新和商业模式创新等。但是，马克·佩恩再次定义了企业创新的核心——产品创新。为什么产品创新如此重要呢？很显然，只有产品创新能直接满足客户需求并带给客户不同的产品体验。同时，创新还能给企业带来足以维持其生存与发展的业务收入。这真是一个既能化繁为简，又能贯穿整体的精巧定义。由此可见，产品创新也应该成为绝大多数企业最重要的创新方向。而围绕产品创新所展开的技术创新，商业模式创新和管理创新等，都是为了最大限度地提升产品性能，建立差异化的品牌定位和获得足够的利润空间。

在本书中，马克·佩恩特别强调了创新的成功应该包括两大维度：满足客户需求和满足公司需求。由此，他们采用了"魔法金钱双M函数图"来分析这两个维度如何才能达到最佳平衡点。同时，他们还建立了"魔法"和"金钱"双团队，二者密切配合，以帮助客户达成创新项目的目标。在为企业实施多年的创新咨询过程中，我们IEG公司也的确发现企业常常存在这样一些问题，如一般项目经理比较关心：

◆ 客户需求是什么？
◆ 如何满足客户需求？
◆ 技术方面如何实现？
◆ 产品如何设计才能让客户感动并且依赖？

而企业的高层则特别关注：

◆ 这个创新项目需要投入多少资源？
◆ 创新项目的成功率是多少？
◆ 项目成功后能给企业带来多少收入与利润？
◆ 创新项目需要多长时间？

上述问题都充分证明了，在创新实践过程中，企业必然常常纠结于客户需求与公司需求如何平衡的问题。因此，我们在帮企业提供创新策略的同时，也提供诸如技术地图、设计思考、TRIZ、DFSS等多种创新方法组合来解决不同维度的创新问题。这样，才能提高创新项目的成功率。所以，那些仅仅满足客户需求或者仅仅满足公司需求的创新项目绝大多数会失败就可以理解了。

在此，我向大家特别推荐马克·佩恩的《创新者的变现力》这本书。创新如此之难，如果你正在寻找一种同时满足客户需求和公司需求的鱼和熊掌兼得的创新策略和方法，那么，读完这本集百家创新之长的书，你一定会有所收获的。

目 录

第 1 章　不能变成金子的点子不是好点子　1

有利可图 or 与众不同　5
辩论法：在摩擦碰撞中产生火花　6
"魔法金钱"双曲线函数图　9
BFD 地图：比较各个方案的优劣　11
从创意迈向利润　16
95% 的创新失败率与地心引力一样让人司空见惯？　17

第 2 章　把创意从草稿纸搬到资产负债表上　21

从消费者角度看问题　23
从商业角度看问题　26
一劳永逸的解决方案　27

第 3 章　**一箭双雕式解决方案 & "漏斗形创新渠道"**　31

　　在市场夹缝中站稳脚跟　32
　　韩国航空巨头的"大衣洗熨服务"　36
　　既实惠又拉风的宝马迷你库珀车　37
　　可口可乐公司的自动饮料贩卖机　38
　　夜晚，在星巴克喝美酒　39
　　"漏斗形创新渠道"的狭窄出口　43
　　用两条腿跑步　46

第 4 章　**你的创新算盘打得还如意吗？**　51

　　你能把球打到火星上去吗？　54
　　破坏性创新：打破市场格局而非摧毁自己的公司　56
　　哪个象限的创新回报高或风险低？　59
　　不必第一个吃螃蟹　62

第 5 章　**没错，就是要戴着商业镣铐搞创新**　69

　　创新性 vs 可行性　74
　　"大"不等于"难"　76
　　别在坚如磐石的商业现实前一头撞死　77

第 6 章　**野蛮生长 & 火速创新**　81

　　给创新过程添加点催化剂　85
　　迅速出炉的生鲜狗粮　87
　　迅速而便宜地失败　92

第7章 做机会就在眼皮底下却没人做过的事情　95
运用"农民式逻辑"　97
发现眼皮底下的答案　102

第8章 要找到变革性答案，先提出变革性问题　111
寻求能够带来更多竞争优势的创新　112
一个关于竞争优势和视角的问题　116
真正忠诚，而非利用　117
让储蓄比消费更具竞争力　123
为什么还需要视频墙幕呢？　125
如何找到变革性问题及答案？　128

第9章 逆袭，把缺点反转成优点　131
齐普轿车租赁公司：与其忍受，不如删除　133
把缺点当作卖点　134
成功逆袭的几大法则　136

第10章 可以喜新，不必厌旧　139
"世纪最佳设计"椅：宁弯不折　140
与其新挖多口井，不如深挖一口井　142
挖掘潜能的方法　146

第 11 章　没有洞察力，棉花糖怎能擦出灵感火花？　153

洞察力新解　154

一个弗洛伊德主义的线索　156

倾听无声的呐喊　158

切迟-杜威：消费者洞察力与商业洞察力的结合　158

洞察力的 14 种类型　162

培养洞察力的几种方法　164

第 12 章　避开 N 种死法的创新策略　167

创新就像买彩票？　170

蓝天、钓鱼、跳投和上篮项目　174

在苹果、菠萝、长颈鹿和独角兽之间选择？　177

通用公司：为重大创新项目裹上绝缘保护层　179

瞄准，射击！　181

失败的创新策略　182

从散弹枪到激光　184

集中火力切开一个塞满现金的保险箱　186

如何制订出伟大的创新策略？　187

第 13 章　理顺 B2B 生态系统中的复杂利益链　193

一个"一箭七雕"的 B2B 创新难题　196

谷歌钱包引发的灾难　205

第 14 章 | **那些误人误己的创新传说** 207

第 15 章 | **适度失败才是成功之母** 215
　　　　屡败屡战一点也不光荣　216
　　　　失败不是世界上唯一的老师　219
　　　　可避免的失败 vs 不可避免的失败　221
　　　　建立创新责任制　225
　　　　捏碎气泡保护膜　227

第 16 章 | **创新中的柔道术** 229
　　　　冲突产生能量　230
　　　　几大创新法则　234
　　　　创新 3 件事：创意、产品、生意　246

后　记　风景在路上，更在终点　251

第 1 章
不能变成金子的点子不是好点子

人们对待失败率高达 95% 的创新项目，就像对待地心引力一样习以为常。但你相信吗？无论是世界 500 强企业的研发成果，还是你的邻居窝在车库中捣鼓出来玩意儿，抑或是你表哥在宿舍里搞出来的 App 程序，沸点公司发明的创新流程都能将所有人的野心、汗水和天才般的想象力变成实实在在的产品，从而大赚一笔。

摆在我们面前的，可能是这个世界上最棒的发明。

在沸点（Fahrenheit 212）公司的办公室里，永远不停地播放着来自世界各地的视频。伴随着不断变换的画面，视频中的每个人都在上气不接下气地介绍自己的伟大发明，激动得像圣诞节早晨醒来的孩子。

眼前这个视频里，一群人在兴奋地介绍一项全新的透明液晶显示技术。这项技术不久前被三星公司应用于旗下一款14英寸的时尚笔记本电脑上，并在拉斯维加斯举办的国际消费电子展上公开展示。透明液晶显示屏幕引起现场一阵骚动。举起相机狂拍一阵后，记者们忍不住把手伸到透明屏幕后摇晃，透过屏幕清楚地看到自己的手时，不禁纷纷赞叹称这是他们见过最不可思议的产品。

这是沸点公司的项目提案现场。6月的一个下午，沸点公司负责三星项目的团队聚集在位于纽约曼哈顿西村的办公室里。成员包括策略师、分析师、文案、设计师、建筑师、制片人。这种人员组合是我们"金钱与魔法"（Money & Magic）模型的标准配置，其目的是找到高质量的创新解决方案。这就是沸点公司开发产品、制造创意的方式。

"金钱与魔法"模型是我们专门针对创意领域的一项发明。这一模型致力于将人们在追求创意过程中盲目出击，随后听天由命的方式转变为一种现代商业亟须的更可靠的模式。以用户为中心的创意和以结果为导向的商业需求是两个相互矛盾的概念，但"金钱与魔法"模型打通了这两股原本水火不容的势力，将它们结合了起来。在形成高质量的创意解决方案时，"金钱"与"魔法"都贡献了同样的力量，产生了同样的影响，承担了同样的责任。

在把创意推向市场的过程中，我们需要剔除大量可能导致方案失败的因素。无论是世界500强企业的研发成果，还是你的邻居窝在车库中捣鼓出来玩意儿，抑或是你表哥在宿舍里搞出来的App程序，我们设计的模型都能将这些野心、汗水和天才般的想象力变成实实在在的产品，从而大赚一笔。

我和负责三星项目的同事每周都会聚在一起，试图帮这款透明液晶显示屏迈出成功的第一步。孩子们在窗外的草地上追逐足球，我们则在办公室里追逐美好的未来。我们被很多世界级企业邀请参与他们最具战略性或最具商业价值的创意项目，以帮助他们实现梦想。我们的客户几乎涉及所有领域，包括软件、金融、音乐、珠宝、化妆品、酒店、旅游、零售、餐饮、保健、纺织品、电子商务、人寿保险、微芯片、环保节能、工业设备、高科技专业化生产系统等。沸点公司内一直流传着一个笑话：我们竟然把多动症变成了一个产业。

在我们观看完介绍三星透明液晶显示技术的视频后，项目的关键人物乔恩·克劳福德·菲利普斯若有所思。作为一名能言善辩的实用主义者，菲利普斯几乎就是"金钱与魔法"的代言人。他从座位上起身，关掉播放窗口，沉吟片刻后，走到办公室的玻璃墙前，用马克笔写下几个字：

这很酷。但是，然后呢？

菲利普斯指着墙上的字对我们说："这就是三星需要我们回答的问题，我们有4个月时间来搞定它。"菲利普斯的意思是，我们要想办法帮助三星把这项新发明转化成超额利润。未来总是充满风险，作为开局第一步，三星应该搞清楚几个问题：

◆ 这项不可思议的技术要应用在哪里？
◆ 这项技术能满足哪些需求痛点？填补哪些市场空白？
◆ 新产品的用户体验如何？
◆ 它的盈利模式和收益将是怎样的？
◆ 它能帮助公司建立怎样的竞争优势？
◆ 它将取代现有市场的哪些产品？
◆ 它能成为颠覆某一领域的当头炮吗？
◆ 高科技产品的更新换代堪称光速，三星能抢在竞争者之前发布新产品吗？

解决这些问题就好比和一只大章鱼搏斗：刚抵挡住一只腕足，另一只又乘虚而入。在解决模型中不可预测的变量前，我们必须从现有的少数固定参数着手。三星项目的固定参数只有两个：液晶显示技术本身以及三星公司的能力。

菲利普斯把三星公司提供的早期模型摆到桌上。显示器的玻璃嵌板既能显示图像，又没有遮挡住屏幕后面的东西，看起来就像是科幻片中的场景。

这项技术令人过目难忘。三星的工程师们用一种不可思议的方式，在没有传统液晶屏背光灯和固体背板的情况下，将图像传送到一块透明玻璃板上。这种屏幕能够吸收周围环境中的光，加工后形成图像。取消背光源有很多好处，包括减重、节能和节省成本。太不可思议了！

但赞叹之余，我们脑子里都是菲利普斯提出的问题：然后呢？

有利可图 or 与众不同

商业创新的第一项任务是确定这项技术该运用于哪种产品，或至少弄清楚从哪个领域开始创新。在国际消费电子展上亮相的笔记本电脑，只是能够博眼球的产品，远不是为目标市场而生。

从商业角度看，三星对现有消费类电子产品市场之外的机会展现出的高度兴趣情有可原。他们迫切希望把这项世界领先的透明液晶显示技术运用于全新的领域，而不仅是对现有产品线进行升级换代。事实上也正如此，透明液晶显示技术能够用于任何一个可放置显示屏的地方，且能在顺利传递原有信息的同时，传递更多信息。让整座城市的摩天大楼都覆盖上液晶屏如何？这虽然令人难以置信，但并非不可能。

探索一种新技术的可能性从来不是一件难事，而要搞清楚在使用这项技术过程中，需要抓住哪种机遇、抵抗哪种诱惑则困难得多。创新领域的老手都知道，这种宽泛的选择范围既是一种幸运，又是一种诅咒。一位名叫萨姆·拉德纳的设计研究员曾如此形容："问题从来不缺创造性的解决方案，缺的是有利可图的解决方案。"

第一个关键问题是将这项眼花缭乱的新技术用于什么样的产品，第二个关键问题则在于三星本身。三星不仅是世界上最大的科技公司之一，也是世界上最聪明的公司之一。三星公司的规模大得惊人。2013年，其全球收入达2 680亿美元，位列世界第十位。我们和三星在很多创意项目上合作过，他们的执行能力总是让我们叹为观止。大多数公司达到一定规模后都很难及时对新的市场机遇做出反应，但三星却一直冲在市场最前面。

《快公司》（Fast Company）杂志最近将三星誉为"世界上自主创

新能力最强的公司"。在三星最成功的四个创新项目中，我们参与了其中两个。在每家公司都大谈创新的年代，三星真正实现了创新，并凭借其高效和果断的作风，在这条道路上遥遥领先。三星能够在抓住短期机遇的同时，对长期愿景保持专注。如果说苹果公司占据了所有媒体头条，三星则在智能手机市场上遥遥领先。众所周知，在短短20年内，三星从一家制造企业成功转型为世界顶级的消费类电子产品品牌企业。

当行业内的所有竞争者都致力于垂直一体化的商业模式时，三星却在诸如内存技术、下一代屏幕组件等硬件创新上投入重资。他们将这些技术用于自己的产品，或卖给其他消费类电子产品巨头。

从三星之前的液晶屏创新项目看，透明液晶显示技术很可能会被运用于三星旗下其他品牌的产品。它可以为三星开发全新的市场，前景令人激动，但同时也是一个巨大的挑战。我们不仅要研发出运用这种显示屏的产品，更要围绕它建立起一个生态系统，其价值定位必须能够吸引那些三星现有合作伙伴之外的企业的兴趣。

为了掌控这种复杂的局面，我们需要一种连接两极的技能：既需要天马行空的想象力，又需要落在实处的策略和财务管理能力。我们必须提出完美的产品方案，一方面挖掘出目标创意的全部潜能，另一方面将项目的利润最大化。

辩论法：在摩擦碰撞中产生火花

任何参与创意项目的人，在见识过我们的工作方式后都会感到困惑，甚至惭愧。大多数创意部门都作风随意，办公室里贴满了乱七八糟的纸条，上面写满了各种看不到任何实际价值的创意。你不会在我们的团队看到这种景象，这儿的工作氛围要严谨得多。我们的员工会围在会议桌前独自思考，然后随机组合，进行辩论，一分高下。

在这里，**创意并不是需要悉心保养的珍贵珠宝，而是摩擦碰撞产生的火花**。大家让思想不断碰撞，让问题不断升温，不断提出尖锐的质疑，从而推动整个团队越走越远。但这不是单方面的审判，无礼的回敬会让会议充满火药味。大家只是在不断的提问中探索前进。未来几周，我们会总结并形成一个方案，但在这个方案能够经受住严苛的考验前，我们不会停下脚步。我们从经验中学到了一个地质学家很早就知道的真理：**钻石诞生于巨大的压力**。

怀着严厉的爱，我们不停地用最尖锐的问题来考验手头的创意：如何在现有科技水平下实现这个项目？它具有怎样的竞争优势？它的商业模式是什么？它将如何盈利？我们必须保证这个创意能在现实世界的残酷竞争中生存下来，并赚到真金白银。周五下午的幻想，须在周一早晨的阳光中绽放光芒。

我们这样工作，并不是因为喜欢争执，而是相比传统方法，这种方式能够更高效地催生新点子和更犀利、更具价值的想法。原《纽约时报》专栏作家乔纳·莱勒写过一篇有趣的文章，阐述头脑风暴的神话如何诞生并在全世界流行，然后又怎样被生物学方面的证据揭穿。众所周知，"头脑风暴"一词由创造学和创造工程之父、广告人亚历克斯·奥斯本（Alex Faickney Osborn）在1948年写的《你的创造力》（*Your Creative Power*）一书中首次提出。它的基本理念是：任何想法都值得鼓励。在那本书里，奥斯本声称"创意好比一朵精致的花，赞扬让它绽放，批评使其凋零……""忘掉质量，专注于答案的数量。你的满纸荒唐或许会令人厌恶，但不要气馁，你正在释放自己的想象力，并最终达到目的。"头脑风暴的核心理念是，只有无拘无束的环境才能全部释放人们的创造力。这一信条被无数人奉为圭臬，包括刚开始从事创新工作的我们。

在沸点公司，我们在辩论的基础上任意发挥。在好奇心的驱使下，借着咖啡因的兴奋劲儿肆意攻讦,让创意自然产生,而不是有意识地引导。我们并不知晓这一方法背后的科学原理,但如果真的一探究竟,我们就能知道为什么这种看似严苛的工作方法比一般方法更为高效。用头脑风暴的方法,总比没有方法好。但最新研究表明,辩论中心法继承了头脑风暴法的精华,同时去其糟粕,因此要高效得多。

加利福尼亚大学的查兰·内梅特进行过一项大规模的创造力研究。在该研究中,265 名学生被分为若干小组,并被要求就旧金山糟糕的交通问题提出创造性的解决方法。每个小组都被问到同一个问题:怎样才能缓解旧金山湾区拥堵的交通?每个小组都将任意使用下列三种工作方法之一:第一种是标准的头脑风暴法,包括不允许批评他人的任何想法;第二种是内梅特所谓的"辩论法",允许小组成员对他人的想法进行辩论和批判;第三种则没有任何特殊要求,让小组成员自行决定。每组限时 20 分钟,在此时限内提出尽可能多的解决方案。

研究结果出人意料:用头脑风暴法的小组,只比没有任何指导方法的小组稍微好一点,而采用辩论法的小组的创造力远超其他两个小组。

"'不许批判'常被当做头脑风暴法最重要的原则,"内梅特说,"这显然与它的初衷背道而驰。我们的研究表明,辩论和批判非但没有阻碍创意的产生,反而对其起到了重要的促进作用。"

换另外一句话说,除非你在 3M 公司(全称 Minnesota Mining and Manufacturing,即明尼苏达矿务及制造业公司,世界著名的产品多元化跨国企业,便利贴发明者。——译者注),否则你绝不能待在贴满纸条的办公室里。并不是每个创意都有必要写下来,并在上面浪费过多时间。实际上,**用尖锐的问题去考验创意才是激发创造力的正确方法。**

探讨三星的项目时,我们的团队中始终存在一种积极的张力。每一个想法和建议,我们评判起来都毫不犹豫,但整个过程中,我们会像凸透镜一样把问题进行聚焦，而不是随意攻击。一个问题不断被提出来："好吧，那实现这个想法的前提条件是什么？"这是一个很有杀伤力的问题，能瞬间把高潜力的创意与无数不切实际的想法区分开来。如果实现某一创意的"前提条件清单"过长，我们就把这个创意称为"独角兽"：看上去很美，但可行性和利润率不高。我们确实需要伟大的创意并实现它们，但如果伟大到不可能实现就不在候选之列。换句话说，我们的目标之一就是"杀死独角兽"！或至少保持警戒，把它们困在草原里，不让它们跑到我们的牧场中来。

通过这种高效的方法，创意和批评此起彼伏，不断涌现，犹如美妙乐章。"金钱与魔法"模型在沸点公司的两端发挥着各自的重要作用。每天早晨，"魔法"为市场需求而大展身手；"金钱"则负责客户公司的策略、运营、广告和财务等商业问题。"金钱"与"魔法"齐心协力，保证项目一步一个脚印地前进。这种方法，本身就是对传统创意方法的一次突破。因为人们通常认为，纠结于一个创意如何赚钱，是对创新过程的伤害。然而，对我们而言，不断用"金钱与魔法"模型考察一个创意，虽然背离传统，却是高效且正确的做法。

"魔法金钱"双曲线函数图

回到三星项目，欢乐的第一天过去后，真正的艰苦工作才拉开序幕。对大多数项目而言，我们通常会在第二天绘出一个双曲线函数图。代表"魔法"的曲线负责挖掘目标群体的痛点、冲突和渴望；代表"金钱"的曲线与之平行，衡量资产、所需资源和商业机遇。"魔法"曲线在传统创意中流传甚广，但"金钱"曲线却鲜为人知。"金钱"曲线集中反映了许多重要的经济变量，对它的研究可以挖掘出许多深刻的商业见解，如战略、竞争威胁、财务表现、资金杠杆和管理优先级别等。

任何商业模式都必须具备内在生命力,无论是战略紧急性、财务指标、资金杠杆、运营能力、品牌价值还是竞争格局,每个细节都必须体现出其充沛活力。

三星项目的起步异常复杂,因为可供选择的工业领域实在太多,无数产品都能用到透明液晶显示技术。如果对每个潜在目标市场都进行分析,将耗费数月甚至数年时间。这无疑是巨大的浪费。应该调查建筑师和工程师的需求,还是研究一下笔记本电脑市场或进军汽车行业?应该用来升级仪表显示,还是改进外科手术光学设备?军火商、游戏制作商和科学怪人会对这项新奇的技术感兴趣吗?另外,还必须衡量被竞争对手打败或被市场淘汰的风险。我们必须仔细甄选,聚焦到利润最高的细分市场。

然而,聚焦的前提是开阔的眼界。我们必须在战略图上画出正确而清晰的边界,将真正重要的事情囊括进来,排除一切干扰信息。然后,我们要不断审视和改进所得方案,确保自己在正确的方向上前行。由于这项工作需要足够的广度,又需要足够的速度,我们必须迅速反应,发挥各自的想象力,进行商业分析,提出策略,解决技术局限性和商业环境中的难题。

在《眨眼之间》(*Blink*)一书中,马尔科姆·格拉德威尔(Malcolm Gladwell)指出,人类90%的决策是基于10%的有效信息做出的。这是直觉和理性的结合,也是我们所追求的目标。

我们的首要任务是找到这项技术能填补的市场空白。这项工作相当花费精力。信奉"设计思考"理念的人认为,我们应该花大量时间来观察现有市场,观察越多,获益越多。但我们的理念有所不同,因为我们寻找的是"不存在"的东西。我们想要发现在某种情景下或某种经验中存在的不足。由于通常不知道自己需要什么,大多数人都会安于现状。我们的任务就是从这种貌似太平的景象里发现潜在的需求,让三星的透明液晶显示技术大放光彩。因占据优势，我们得以用历史的眼光看待今天，从而发现这个世界的缺陷，找到空白市场。

BFD 地图：比较各个方案的优劣

一切探险都离不开指南针的指引。三星的真北，就蕴藏在透明液晶显示屏的基本属性之中。传统背光液晶显示屏用于显示单一图像，而透明液晶显示屏的技术核心在于向人眼传送多层次图像信息。表层传输的是所谓"可控内容"，即屏幕上呈现的信息和娱乐功能；背景层则是所谓的"不可控内容"，即屏幕后面的实物景象。例如，如果将这种技术用于电脑屏幕，其背景层就是屏幕后面的椅子，或窗外风景。我们意识到，透明是一柄双刃剑。它的确引起了全世界媒体的疯狂报道，但市场也会给予它同样热烈的响应吗？科技领域对屏幕高分辨率的渴望永无止境，但我们谁也不想在皮克斯动画公司出品的电影中看到某只蜥蜴满眼脸的鸡皮疙瘩。同理，我们用透明屏幕看电视时，也不希望看见后面墙上的蓝色油漆。

与此同时，亟待解决的还有隐私问题。你透过屏幕看到周围环境的同时，其他人也通过屏幕看到了你。因此，我们必须想办法将屏幕的透明属性变成一种价值，而不是一种累赘。我们注意到了外科医生的困境。

外科医生不可能只凭裸眼工作，还需要借助光学仪器在每个局部视野中获得更多信息。比如，多层成像屏幕在挽救生命上具备天然优势，它不仅能够放大手术视野，反馈屏幕后的手术动作，还能同步显示实时监测数据。这样，手术的精度可以大大提升。从历史上看，对肉眼不可见的物体进行成像的技术，在医疗领域往往能够获得丰厚回报，如 X 射线、核磁共振技术、超声波技术及窥镜手术等。那么，透明液晶显示技术会引起医疗技术的另一场革命吗？其他机会也迅速进入我们的视野。许多家庭和专业环境中的设备，其黑框设计有违美学原理，透明液晶显示技术会在这些领域中大放异彩吗？

我们常用全新的角度观察日常生活，从中汲取灵感。我们给客户的建议是，在实地调查中，尽可能地用眼睛去看，用耳朵去听。如果方法得当，你从细节中获得的成果，能和数月昂贵的市场调研相媲美，因为你能随时修正并检验自己的分析。

从本质上来说，透明液晶显示屏就是一块有着新功能的透明玻璃。我们花了几天盘点日常生活中所有能够用到玻璃板的地方，考察诸如机器、建筑、仪器设备等几乎所有物理实体。当我们聚集起来想看看找到了多少能用到玻璃板的物体时，得到了一个非常长的清单：

早晨起床睁眼看天气时，窗户上有玻璃板；逛街时，商店橱窗上镶嵌着玻璃板；公交车站有玻璃板，汽车上也有玻璃板；有的摩天大楼上覆盖着成千上万的玻璃板；甚至我们用来写这个清单的黑板也是玻璃材质——为了把这间办公室打造成创意工厂，我们所有的墙壁都由玻璃制成，这样当任何人产生灵感时，都能随时在墙上记下来。

公司合伙人之一罗尼·齐巴拉出生于黎巴嫩，是一名职业发明家和美食家，他仅在一家杂货店附近就找到了24种带玻璃板的东西。不过，在我们进行日常调查前，零售业并不在我们的预选范围内。罗尼·齐巴拉的额外调查，让我们从眼皮底下找到了巨大的商机。

短短两周内，我们就锁定了大约20个可靠的潜在市场，并进行了初步调查。一部分潜在市场隶属于消费类电子产品领域，透明液晶显示屏能够让这些领域焕发出全新的活力；其余部分则是新市场或边缘市场，没有明显的竞争产品或企业。例如刚刚兴起的增强现实技术领域，其衍生产品能够通过数字化技术向用户实时反映现实环境。

很多传统液晶显示屏无法打开的市场，透明液晶显示屏也能强势进入，创造出新的价值，并为运用这一技术的企业建立无与伦比的竞争优势。比如，专门向公交车站投放广告的传媒公司就是一个很好的例证。

确定了一系列候选目标后，下一步是筛选。我们将把现有信息绘制成图形，直观地比较各个方案的优劣。这一案例中，我们运用了非常简单的过滤工具，即 BFD 地图，意思是大（Big）、快（Fast）、可行（Doable）。具体见图 1.1。

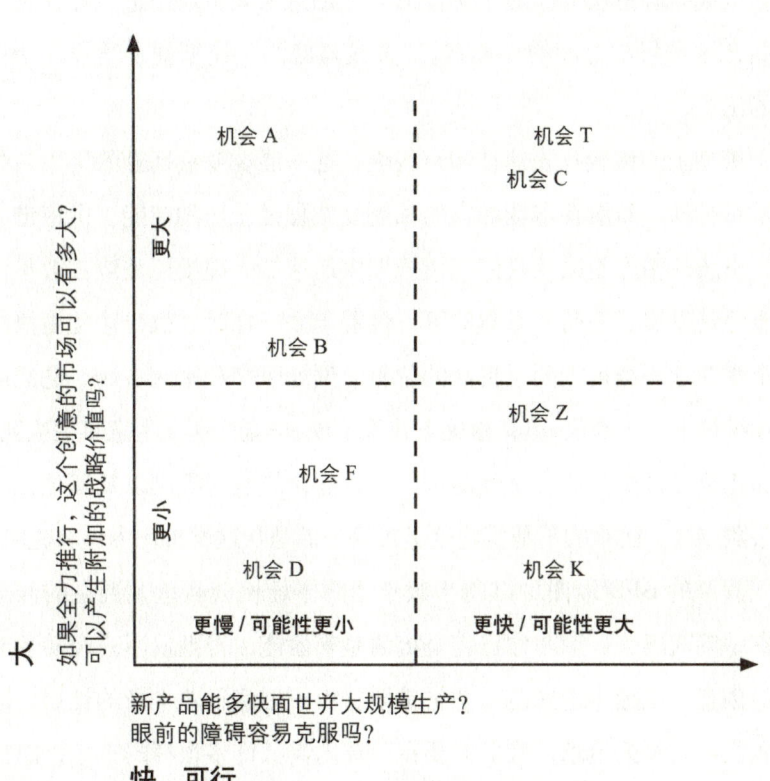

图 1.1　BFD 地图示意图

代表"大"的纵轴衡量的是机会市场的规模和战略价值大小。规模的含义无需赘言，但要判断一个闻所未闻的创意的市场效益依然困难重重。而且，战略价值需往往由具体产品决定。有的产品商业价值很小，但战略价值很大，有的则相反，而有时候，企业推出一款产品，只是为了试水新市场，为后续一系列潜在的高商业价值产品铺路。以凯夫拉材料为例，它现在被用于桥梁建筑、光纤保护、打击乐器甚至耐克勒布朗篮球鞋。但最开始，它因为被用于防弹背心而名声大噪。这种能展示其不可思议的重要意义的产品，虽然市场规模小，利润微薄，但战略价值极大。想正确预估一个创意未来市场前进，往往需要找到艺术和科学之间的平衡点。"金钱与魔法"模型就是这样一个很好的工具。

模型上的横轴代表速度和可行性。这一混合变量衡量的因素包括技术可行性、对潜在市场而言的相对复杂程度、短期产能、供应链大小、市场开拓方案以及我们应该短期内迅速扩大规模还是应在数年内逐步稳健发展。当两个方案的可行性看上去一样时，执行速度更快的那个将在这一维度上列于更高的位置。例如医疗和军火市场，它们或许在纵轴上居于高位，但在横轴上处于下风，毕竟这两项生意事关生死，产品需要经过数年的安全性测试，应付复杂的监管机制以及繁琐冗长的采购制度。困难的不是拒绝这类市场，而是从这类市场中谋取先机。

简单的 BFD 地图足以将千载难逢的市场机会从鱼龙混杂的候选方案中筛选出来。除非你已完全搞清楚其潜能，否则就不应轻易放弃任何创意，但缩小选择范围非常重要。由于创意行业本身的性质，以及我们对结果的追求，我们需要在一周内淘汰许多很棒的点子，以保证那些能在一年内产生经济效益的创意顺利执行。即使这种筛选不能保证百分之百准确，它依然能帮助我们专注于那些真正有价值的创意，而不仅是那些看上去有趣的点子。太多传统创意理论强调新点子的绝对数量，而忽略了合理分配有限的团队精力，从而导致资源浪费。

无论你给自己留了一条怎样的后路，时间永远是世上唯一无法弥补的成本。所以，我们要从复杂的任务中找出最清晰的目标。

BFD 地图对我们的帮助极大，绘制这一地图的过程本身就能释放巨大价值。很多时候，从消费者的角度出发得出的结论，和以商业图景为核心的理念相互违背，因此，无论从客观角度还是仅凭直觉，我们常常会陷入哪个创意更好、更具可行性的争论。这种高强度的辩论往往能把我们带向全新的领域。它就像超动力钛合金钻头一样，破解那些可能导致创意失败的难题，并以难以想象的速度引导我们前进；它好比项目的发动机，把各个环节的重要创意变成优秀的商业解决方案。

通过 BFD 地图，我们得以给一系列市场机会排列优先顺序。这个过程中，我们会发现所谓的独角兽，即那些风险高、投资时间长的项目。它们通常在被讨论几分钟后，就被决定搁置 5～10 年，待科技发展或市场足够成熟后，或许才能重出江湖。但现在，我们要毫不犹豫地舍弃它。刚才提到的液晶显示屏大厦就是典型的独角兽项目。在其真正面世前，至少需要满足十几个目前无法达到的前提条件，例如天气控制技术、耐久度至少 30 年的建筑材料、复杂的建筑结构设计以及清晰的市场路线图等。而人们总以为只需稍稍等上几年，科技革命就会发生。

基于以上论点，我们和三星公司的团队交换了想法。我们进行了有益的辩论，不断检验彼此的核心观点，探讨技术假设，研究每个创意对市场生态系统的贡献，并最终在总体思路上达成共识。我们时刻注意是否还有值得深入挖掘的地方。和优秀的客户合作时，我们总是能相互促进，最后达到 1+1=11 的结果。

针对数周内找出的最佳市场机会，我们迅速将原始创意变成完整解决方案。二者存在巨大差异，而正是这种差异保证了我们的成功。创意是一个非常伟大的东西，然而它不该仅是一个点子，而应当像绘画前的草图。伟大创意背后，一定有着对世界深刻的观察。创意一旦照进现实，就能为发明者带来巨大的利润。所以，要将其阐述清楚不是那么容易。事实上，创意很少是一句清晰的阐述。更多时候，它仅是从无数尚未得到解答的策略、运营、技术和财务问题中诞生的灵光一闪。即便借助双管齐下的"金钱与魔法"理论工具，也不可能一劳永逸地解决所有问题。但相比一盘散沙般的灵感，这已是巨大的飞跃。很多所谓的创新者都没有走到这一步，所以其工作远称不上出色。

接下来的数月中，我们将和三星的员工一起决定最终的目标市场，从数据和策略上为方案提供支持，确定产品的技术规格和财务评估，设计产品原形，将整套方案整合为一段3分钟的视频，力求将每个想法简单清晰地呈献给所有三星的高管，给他们留下深刻的第一印象。

4个月的合作期结束了，我们完满地解决了菲利普斯一开始提出的问题。从此，三星清晰地知道自己头几步要怎么走，以及接下来数年该怎么办。

从创意迈向利润

仅9个月后，第一批透明液晶显示屏产品在欧洲的交易会上亮相，成为商业制冷市场的一匹黑马。它专门为消费者和企业在餐饮上的潜在需求而设计。冷冻技术能够为很多食物、饮料产品提供附加价值，但传统冷藏设备玻璃门却如城墙般隔在商品和消费者之间。这一方面导致消费者很难找到自己所需的产品，另一方面导致很多产品很难引起消费者注意。我们向三星提供的解决方案解决了这一难题，为商业冷藏产业创造了巨大的利润。方法其实很简单，只需把传统商业冷藏设备上的玻璃换成透明液晶显示屏即可。

就消费者而言，他们能够在物满为患的杂货店里，通过透明液晶显示屏快速检索自己所需商品的图文信息。挑选商品时，他们也不必打开柜门，被冷气冻得发抖。他们只需在透明液晶显示屏上轻轻一滑，所需产品的信息便全部展现眼前。

冷藏设备制造商也将迎来好时机，他们不必等到零售商和超市的冷冻设备报废后才能推销新产品了。食物和饮料提供商也破天荒地能够为自己的冷藏商品做常规营销了。零售商可以把冰柜门上的广告展示时间卖给各食品厂商，从而开发新的收入来源。他们还可直接用它促销店内各种商品。比如，当顾客选购冷冻比萨饼时，透明液晶显示屏马上就能跳出一条讯息，告诉他9号货架上的啤酒正在打折。

因为新产品的市场定位十分清晰，所以三星甚至在正式生产这一设备的前一年，就和无数制造商、餐饮公司和零售商签下大量订单。

在冷藏市场打响名声后，第二波透明液晶显示屏业务接踵而至。这次是商店的智能橱窗。只需把现有商店的橱窗玻璃换成透明液晶显示屏，就能在展示实物的同时播放多媒体动态信息来招揽顾客。

在2012年消费类电子产品展销会上，我们和三星共同研发的智能橱窗横扫各项最佳创新奖。以此为起点，三星正逐步成为全世界透明液晶显示屏产品市场的领跑者。这同时也意味着，我们在从创意到利润的艰难道路上迈出了漂亮的第一步。

95%的创新失败率与地心引力一样让人司空见惯？

如果从宏观的角度看沸点公司的使命——将伟大的创意变成伟大的产品——菲利普斯一开始提出的问题，依旧是最关键的一环。"这很酷，然后呢？"是对一切创意发明充满智慧的一问。

传统的创意理论带有太多偏见，一味强调兴趣和新奇程度，从而彻底与商业绝缘。换句话说，传统的创意团队从不会倾注心血来打造一个最终能被接纳、深具影响力的东西，这种东西可以规模生产、进入市场，从而让各相关方的资金、才能和时间获得回报。

就这一点而言，传统的创新方法就是一头独角兽，即理论上很美好，但永远无法实现。因此，人们不但接受创意的失败，甚至对其习以为常。人们以为，就像冰激凌在太阳下一定会融化一样，创意一定会失败。即使在现有市场饱和、所有利益均已分割、全世界的CEO和企业家都在绞尽脑汁寻找新利润增长点的情况下，人们仍认为创意失败是再正常不过的事情。

让我们追溯至创意过程的源头，从创意团队把新点子写到草稿纸上那天算起，一个创意取得成功的概率非常之低。从企业的角度看，这是不可接受的。因为一个创意项目的失败，不仅意味着浪费了资金、时间、热情和才能，更会让项目负责人、投资人、CFO、发明人等无数人感到沮丧。然而，让我惊讶的是，人们居然对如此低下的创意成功率感到满意。

在我们决定成立沸点公司之前的几个月的一天晚上，我和我的菜鸟团队一起喝啤酒，沉思着我们的终极使命：找到一条真正能让创意变成现实的路。我们很疑惑，为什么全美国的公司都不抱怨如此低的创意成功率？为什么所有人都对此沉默？然后，我顿悟了。我把答案大声告诉了乔恩·克劳福德·菲利普斯，也就是公司的元老，兢兢业业奉献了自己十年青春的首席运营官（COO）："老乔，有多少人抱怨过地球引力来着？"

答案当然是：一个都没有。

人类的本性如此，我们不会为无法改变的事情大惊小怪或浪费精力。没有人计算过创意的失败率，因为人们早已对此习以为常，就好像早已习惯地球引力一样。在所有人的潜意识中，创意失败率居高不下的状况是不可改变的。

所谓失败乃成功之母，在取得成功之前，当然要经历一定次数的失败。但是，我们要探讨的不是这种失败。我们探讨的是那种集中了很多人的智慧，研究了很长时间，让无数人劳心费力，最后却落得一场空的昂贵项目。根据我们的调查，创意项目通常的失败率在85%～95%之间。这个数据让人触目惊心。

我们雄心勃勃地认为，这种现状不仅应当被改变，而且也可以被改变。虽然经过了几年的探索才找到方法，但我们的信念从未改变。我们把这个梦想写下来，贴在墙上。每天早晨，是它驱使着我们起床。在今天，这个信念依然和10年前一样清晰。

从梦想写下的那一天到和三星团队完美合作，我们一路走来，对创意有了非常深刻的理解。无论成功还是失败，我们都从中汲取经验和教训，用来破译创意的密码，不断修正自己的方向，最终打磨出了沸点公司独特的"金钱与魔法"理论工具。只有不断试错，才能取得最后的成功。

沸点公司成立初期，我们从传统智慧中寻找灵感。跟随伟大思想家爱德华·德·波诺(Edward de Bono，英籍马耳他人，哲学、医学、心理学博士，是创造性思维领域举世公认的权威，被尊为"创新思维之父"。——译者注)及其他创新运动领袖的步伐，我们也认为人类创造力是创新过程中唯一重要的环节。波诺认为，企业深陷创新泥潭是因为一个简单的原因,即未来不可分析,不可预知。这些先驱告诫世人：忘了产品和利润吧，你们只需要关注人类创造力本身。这些理念激励了我们，我们立志树立行业新风。

仅凭几杯热咖啡和灵感，我们的公司扬帆起航了。我们按照字面意思理解并接受了上述理念，并将其付诸实践。在整个创意项目中，我们始终关注的都只有创造力。然而，随着时间的推移，我们痛苦地意识到，以用户为中心的创意看上去很伟大，但并不是取得最后成功的真正因素。

我们发现，阻挠以用户为中心的创意项目取得成功的，甚至导致地球上最伟大企业失败的，往往就是那些被称为"独角兽"的东西：看上去很美好，实际上不可行。因为它们完全建立在诸多不切实际的前提条件上。

幸运的是，我们很快认识到，只有打破传统才能获得真正的自由。我们不应拘泥于产品、市场影响、消费者的生活和商业本身。一路艰难走来，我们终于解决了难题，实现了梦想：让创意成为企业新增利润的可靠来源。现在，我想和你们分享它。

第 2 章
把创意从草稿纸搬到资产负债表上

你万万想不到！人们不购买迪拜某大型私人银行的金融产品的"罪魁祸首"，不是其产品不够好，而是其组织内部结构像搭积木一样溃散无力。关于这一点，无论是银行本身还是消费者都没有意识到。

那是反差非常鲜明的一天。

沸点公司的团队顶着烈日,在迪拜进行实地调研,大家试图在这座"豪城"的街头找到某个颠覆性的商机。

一小时后,刚结束的室外工作却好像是一千年以前的事情了。我们坐在高耸云端的迪拜餐厅里,享受着舒适的空调,将整个迪拜尽收眼底。冰爽的威士忌让我们调研时的疲惫一扫而光。

餐厅的设计元素颇值得玩味。其所处的这栋建筑可谓古老马赛克风格的现代诠释:从近处看,每一块细小碎片都蕴藏着某位天才设计师的非凡创造力;从远处看,无数碎片又构成了一副令人赞叹的宏大画面。

在"金钱"组负责人皮特·毛利克和"魔法"组负责人罗尼·齐巴拉的领导下,沸点公司的团队在餐桌上举行了简短的会议,梳理当天的调研成果。两位负责人均身经百战,但行事风格迥异,与此同时又恰好互补,默契十足。

罗尼在巴黎长大。他把创新比作破译密码,称其为"人性深处最优雅的答案",因此任何创新都需要一点一点揭开面纱,并悉心打磨。

而毕业于哈佛大学和哥伦比亚商学院的皮特则成长于寒冷的明尼苏达。他把创新看成一场艰苦的战役,工作起来简直就像橄榄球运动员那么拼命。

探讨反差性元素的会议上也是如此。我们越来越相信,一个创新项目想要走向成功,最好把它当成一个一分为二的问题。

要把一个创意从草稿纸搬到真正的资产负债表上,我们必须同时在两个完全不同的领域取得成功。一个是消费者领域,另一个是商业领域。每个领域中,我们都会遇到一系列考验。

从消费者角度看问题

沸点公司此次造访迪拜,乃是受阿联酋某大型私人银行的邀请。该银行董事长希望我们帮助他解决一个看似简单、实则非常复杂的问题:提升客户购买其金融产品的积极性。假设目前该银行每位客户平均持有两种金融产品,比如抵押贷款和信用卡,那我们的任务就是发明一种方法,让他们多购买一种金融产品。

对所有商业银行而言,让现有客户购买更多金融产品是最为强大的利润杠杆。这种方法,理论简单,效果显著。其问题只有一个:如何才能成功。

一开始,我们以为这是一个产品问题,只要修改银行的理财产品清单即可。但随着工作的深入,我们意识到问题并非如此。该银行的产品组合设计得系统而严谨,从支票、汽车贷款、储蓄账户、定期存款到私人银行服务,应有尽有,但出于某些不可知的因素,为此买单的客户比预期少得多。对于一家商业银行而言,金融产品是摇钱树。我们将要提出的办法,模型必须简单又足够诱人。到底该怎么办?

全世界的银行都在想办法吸引客户购买一些高风险投资组合,以便从中谋取利益。这家银行虽然也采取了同样的办法,但多年过去,其业绩却十分惨淡。银行董事长及其智囊团想要换种方法试试,于是把希望寄托在我们身上,以便搞清楚到底是哪里出了问题。

那个炎热的下午之后的好几周内,我们的团队一边不停地调查银行客户和银行家,一边在头脑中构思解决方案。事情的脉络越来越清晰,我们要解决的问题不是一个,而是两个:消费者问题和商业问题。而且同往常一样,这两个问题看上去似乎毫不相干,但如果不解决其中一个,另一个永远无解。

为了触及消费者问题的核心,我们必须深入勤劳勇敢的亚洲移民的生活和大脑,因为他们既是迪拜银行的主要员工群体,也是其主要客户群体。另外,我们要深入了解银行本身,了解其结构、技术、产品、运作系统、人事部门,以便了解究竟是哪些因素导致或阻止客户购买金融产品。

为了让创新方案奏效并取得成功,我们在审视商业问题时,必须像了解伴侣那样全身心投入。传统的创新思维理论则完全将人们引入歧途,它导致人们把所有注意力都放在终端客户上。这样的方式的确有可取之处,但不足以帮助我们完全理解商业活动。我们走访了大量银行客户,试图了解他们某个金融行为背后的动机、欲望、疑虑及诸多现实因素。反过来,我们也针对银行进行了这些调查。

最终,在消费者方面得出的结论十分引人注目。对美好生活的追求,是一种不分国界、无关阶级的人类深层本能。然而,这种共同之中又蕴含着细微差别:不同文化对时间概念的理解全然不同。

在世界很多地方,人们认为金融理财与未来相关。然而,在阿联酋的文化环境里,过去、现在和未来是一个不可分割的整体。金融能够让一个家庭长久受益,一点一滴的积累能够变成巨大的回报,而这中积累连接着现在和未来。

从这一背景出发，我们开始调查人们购买金融产品的理由。令人惊奇的是，他们认为自己的决策仅是一时冲动、临时起意。也就是说，当地人们在管理家庭财务时会从长远出发，会综合考虑各项因素，但却认为自己的金融决策是"一时冲动"的后果。这真是怪事，他们用一种方式思考，却用另一种方式行动。无论如何，我们必须找出其中的原因。

随着调查的深入，我们发现，当地人们或许能将他们的理财计划作为一个整体考虑，但实际上他们却没有这样做的动机。我们还发现，问题出在银行身上。银行将所有金融产品当成了彼此独立的个体，从而推出一盘散沙似的金融产品。而这也是整个行业的通病。他们只是一门心思想把高利润的金融产品卖给客户，而不进一步思考客户和银行的关系。

到此为止，一切终于解释得通了，但还有一个问题困扰着我们。如果客户的决策都是一时冲动，且产品承诺的收益率在决策中起着关键作用，那么，为什么银行推销高收益率的金融产品时，依然困难重重呢？

终于，问题的关键浮出了水面。我们需要解决的是人们潜意识中的担忧。当地的人们不愿意和任何一家银行牵涉太深，一是因为这样做会增加他们的财务风险，二是因为他们担心经济萧条时银行会破产或违约。如果把财产分别放到多家银行，就能降低风险。

换句话说，不是银行不够努力，也不是金融产品设计得不好，而是人们不愿承担更高风险。这是一个大问题。至此，消费者方面的问题总算搞清楚了。

从金融角度看，不把钱都存到同一家银行或许可笑，但对银行客户来说却是重要的心理安慰。而且，退一步来说，就目前情况来看，人们也看不到在同一家银行办理更多业务会得到什么好处。

从商业角度看问题

回到餐厅,在服务员正在给我们上菜的时候,罗尼看着窗外的夜空说:"迪拜看上去一马平川,但我们有一座山要爬。"挑战的难度完全出乎我们的意料。

传统创新理论认为,我们要优先考虑消费者身上的问题。但是,这只是真理的一半。在考虑消费者问题的同时,我们也要仔细研究商业问题。

迪拜项目进行到一半时,"金钱"团队一心扑在了商业和运营的现实问题上,不断出入银行总部,采访重要的利益相关者,以求更深刻了解商业方面的知识,并发现隐藏的核心问题。

渐渐地,解决方案已初具模型。真正的问题不在于缺少愿意购买更多金融产品的客户,它只是问题的症结之一。如果治标不治本,银行业绩依然不会有起色。我们的方案必须能够解决关键问题。于是,延续调查客户时的劲头,我们向银行的内部问题开刀。

不漏过任何方面,我们仔细研究了银行的盈亏报表、个人业务部门的表现、银行IT系统以及大堂经理。我们找到的问题,并不像在客户身上找到的问题那样具有特殊性,我们发现的是银行业的通病。我们的确看到了银行各个部门相互合作、服务客户的良好愿望,但他们在设计或销售金融产品时却各自为战,一盘散沙。

为了适应不断扩充的金融产品种类,银行的组织结构几经调整,专门成立贷款部、信用卡部等部门,导致行政分割严重,体制僵化。由于各自部门的业绩压力,管理层无暇将银行作为一个整体进行思考。同时,银行也缺乏引导客户在办理相关业务后主动到另一个部门办理更多业务的机制。

比如,贷款部门的主管实在看不出一个申请了30年贷款的客户身上还有什么潜在的利益。他只会开发新的贷款客户，而不是巩固银行与老客户的关系。与此同时，虽然银行大堂经理经常能找到推销金融产品的机会，但那些业务却不归他们管，于是只好作罢。甚至银行的IT系统，表面上是在对银行业务进行统一管理，然而事实上，它不过像搭积木一样把各个金融产品的相关软件堆在一起。各软件之间彼此独立，无法进行整合分析。再次强调，这些都不是个别银行的个别现象，而是全世界银行的通病。

相比之下，出在客户身上的问题几乎不值一提。银行几乎把在商业上能犯的错误全部犯了一遍，从大堂经理手头的表格、银行IT系统、部门结构到管理制度，所有金融产品彼此独立，毫无关联，就好像它们不是由同一家银行推出的一样。在这种情况下，不仅客户没找到在同一家银行购买不同金融产品，从而将它们组合、升级以提升收益的办法，银行也没找到。

综上所述，皮特说："坦率地说，我本以为这个项目最难的地方在消费者层面。但银行内部系统才是真正的突破点。无论这个创新项目最后对消费者有什么用，此刻我们要做的，是想办法打破银行内部的组织系统，否则一切都是空谈。"

一劳永逸的解决方案

为了保证成功，我们的创新方案必须达到两个标准。第一，创新的主要卖点必须抓准消费者的需求痛点，让他们愿意把血汗钱存入同一家银行；第二，从银行IT系统、分裂的部门、高管激励和客服代表方面下手。传统创新方案的成功率之所以低，就是因为它往往只能达到第一个标准。

如果只追求第一个标准，你能轻易地找到多套解决方案，但至于是否能够成功，就全凭运气了。这也是以用户为中心的创新理论的一大特征：成功只是一个随机事件。

从两方面准确把握问题后，项目团队果断出击，从更为独特的角度寻找解决方案。在这个问题上，位于迪拜304米高空的豪华餐厅给了我们非常好的灵感。

最后，我们的解决方案不是一个新产品，而是一套惠及客户与银行双方的名叫"马赛克"的新系统。一方面，客户会把自己的财务看作由多年的涓涓细流积累的成果；另一方面，银行很有必要将自己的不同业务整合为一个有机整体。我们成功地将二者有机结合了起来。

这一解决方案将彻底颠覆传统的银行模式。通过马赛克系统，新推出的金融产品将会起到意想不到的奇效：对客户已购买的金融产品产生积极影响。比如，购买新的金融产品后，客户的5年期车贷将得到相对较低的利率；需要给海外亲人汇款的客户，手续费将减免；信用卡客户刷卡时将获得更多积分。如果一位客户已经在这家银行申请了车贷，并有活期存款，那么，当他用信用卡管理每个月的流动资金时，就会发现这家银行提供的信用卡使用方案比其他银行实惠得多。这一切，都是因为我们开创性地将该银行所有业务整合成了一个强大的网络。

以前，对消费者而言，把资产合并到同一家银行背负着显而易见的风险，而好处却看不见摸不着。现在则不同了。马赛克系统凭借类似iPad的客户端将合并资产的诸多好处清晰地显示在客户面前。这是银行业有史以来第一次这样做。

银行大堂经理或销售代表只要和客户坐下来，调出对方的资产组合，然后动几下手指，就能把购买新金融产品的好处完整呈现在客户面前。

被迷人的数字吸引后，客户会本能地提问，如果新购买2~3

种理财产品会怎样。销售代表再动动手指，客户期待的答案会再一次自动呈现。

马赛克系统是深刻的情感因素和人文因素的结合体。这体现在马赛克系统所有的设计环节，包括其交互界面和员工培训程序。

马赛克系统对每位银行高管都同等重要，它把银行原本分离的业务、客户群和公司业绩融合为一个不可分割的整体。

马赛克系统还能重塑银行的内部文化。全体员工相互帮助的良好意愿终于能够付诸行动了。马赛克系统也让每个部门的员工知道，只有放弃一些东西，才能获得更大利益。比如，降低自己部门某些金融产品的利率，才能吸引其他部门的客户等。这种良性的激励能够帮助所有人实现双赢。

试用马赛克系统一年后，银行业绩有了大幅提升，收益超过了预定目标的35%。从前看似紧密实则散乱无章的组织结构，现在变成了一个强大的有机整体。

马赛克系统之所以成功，并不是因为我们提出的方案有多新颖，而是我们解决问题时正确运用了将问题一分为二的哲学。消费者问题和商业问题虽处于两个完全不同的层面，但彼此有着千丝万缕的联系。只有同时解决它们，我们才有可能取得成功。

传统创新理论强调创新性和挖掘客户潜在需求的重要性，这种曾经起过积极影响的方法，存在致命的先天缺陷：成功率太低。追随这种理论，我们或许能准确抓住消费者的需求，但接踵而至的商业问题很可能毁掉整个项目。

当然，意识到问题的两面性只是迈向成功的第一步。这就好比打高尔夫球时，只睁一只眼睛是无法测出目标和我们之间的准确距离的。一只眼睛瞄准的路线常常出现偏差，只有同时睁开两只眼睛，我们才能打出漂亮的一杆。

第 3 章
一箭双雕式解决方案 & "漏斗形创新渠道"

可口可乐公司自动饮料贩卖机如何在不增加冰柜容积的前提下为超市消费者提供众多口味的饮料产品？

开着宝马公司的"经济适用型车"上路，车主都不好意思和别人打招呼，迷你库珀车如何做到既经济实惠又拉风前卫？

为什么星巴克在晚上不卖咖啡卖美酒？晚上想喝酒，人们为何不去酒吧而选择星巴克？

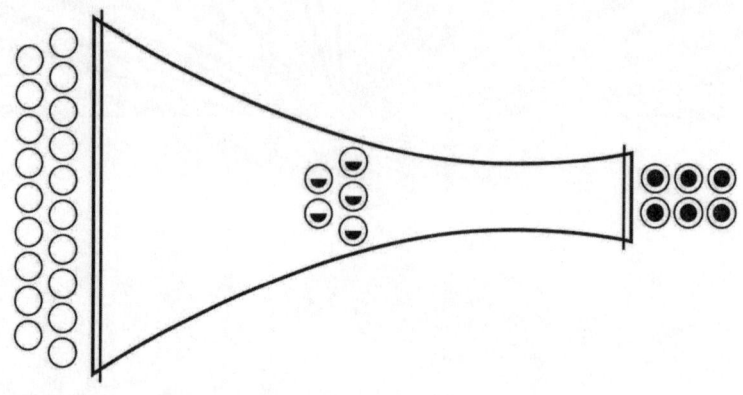

尝试创新的人想必都遭受过梦想破灭的痛苦：原本被寄予厚望的项目，到头来却是竹篮打水一场空，一切努力都白费。

导致失败的原因有很多：项目做到一半资金突然被削减、项目主管跳槽、投资人撤资、创新评级部门另有新欢、管理层被风险预测吓退等。但追根溯源，种种灾难都源自你提交给老板或投资人的方案只是半成品。它要么只能解决消费者问题，要么只能解决商业问题，反正没有同时解决两个问题。

在第 2 章，我们探讨了如何一分为二地看创新，以提高成功概率。这里，我们将进一步探索：寻找一箭双雕式解决方案，一举解决消费者问题和商业问题，为项目创造巨大的商业价值。我们先来看看一箭双雕式解决方案是什么，然后解释为什么它能够提高成功概率，从而将产品推向市场，影响人们的生活，最后取得商业上的巨大成功。

在市场夹缝中站稳脚跟

汽车保险或许是你唯一花了一大笔钱却永远不希望用上的东西。

鉴于此，低收费成为各大商家竞争的焦点。但为什么人们情愿在一件他们永远不希望使用的东西上支付一笔相对较高的费用呢？要知道，美国人每年的汽车保险支出高达1 600亿美元，这个数字不可谓不惊人。人们看似自相矛盾的做法使得汽车保险的行业竞争越来越激烈，让商家纷纷在更好的服务质量和更低的价格上拼个你死我活。

在美国汽车保险业，收费最低的是政府雇员保险公司（GEICO，美国知名私人汽车保险公司。——译者注）。为了维持较低的收费，政府雇员保险公司的运营支出与其公司标识上那只壁虎一样"瘦"。保险业普遍以费率（Expense Ratio）为衡量公司效益的标准。费率即公司日常开支、营销成本和其他运营支出之和与总保险费之比。除去每年10亿的营销成本，政府雇员保险公司堪称保险公司中的效益模范，其费率远低于州立农业保险公司(State Farm)和好事达保险公司(All – State)等行业巨头。政府雇员保险公司的价格优势也反映了其市场份额的增长。2013年第一季度，政府雇员保险公司超越好事达，成为美国保险市场份额第二大的保险公司。由于其强烈的价格意识和美国疲软的经济状况，政府雇员保险公司一直牢牢秉持为"客户省钱"的原则。自2004年以来，政府雇员保险公司客户的保险成本持续下降。

当政府雇员保险公司为低收费想尽办法的时候，较为昂贵的州立农业保险公司和好事达保险公司则不断警告人们：人生总有意外，一旦灾难发生，廉价的保险只会让你们失望，而他们则会在危难时刻拔刀相助，且不遗余力。州立农业保险公司和好事达保险公司一直以"行业顶级服务"自我标榜，而政府雇员保险公司则占尽价格优势，三者瓜分了美国保险市场50%的份额，所以任何一家保险公司想要与它们竞争，胜算都非常之低。它们会被挤到"路中间"的位置，而路中间有数不清的马路杀手。然而，拥有75年历史的前进保险公司(Progressive Insurance)虽历经艰难，却最终站稳了脚跟，并在美国保市场份额占有率排行榜上位居第四。避开质量和价格这两项价值主张，重新找到一条出路绝非易事，而帮助前进保险公司做到这一点的，正是一系列一箭双雕式创新解决方案。它将消费者需求和关键商业痛点完美融合在一起，一举解决了这两个最为关键的问题。

创造这一奇迹的功臣之一，就是前进保险公司的在线费率比较工具（Online Rate Comparison Tool）。很多消费者都抱怨保险公司的运营充满暗箱操作，保险公司要么用狡猾的销售技巧向客户兜售他们根本不需要的保险，要么拿苹果和菠萝对比来绕晕客户，阻止客户选择其他公司的保险。世界上最小的字体或许不是保险公司发明的，但绝对是他们发扬光大的。就如前进保险公司的董事长兼CEO格伦·伦威克（Glenn Renwick）所言："汽车保险产品设计上的同质化可以理解，不同保险之间的差异的确不像其他行业那样明显。"

为了帮助消费者看清真相，前进保险公司策划了一种在线费率比较工具，把原本有限的信息变成了同种保险在不同公司间的费率比较。消费者从中得到的好处显而易见，保险行业破天荒地出现了透明服务。前进保险公司发布的工具甚至会告诉消费者，哪家竞争对手的保险产品比自家的更为实惠。在这一点上，其创意性达到了令人难以置信的地步。前进保险公司向消费者证明了自己是一家很有操守的企业。

这项看似针对消费者的创新，实际上为前进保险公司解决了一个重大问题。对危险驾驶司机的高额赔付，既妨碍了前进保险公司的盈利，也妨碍更多安全驾驶的司机参保，而后者是该公司最为重视的黄金潜在客户群。相比之前提到的费率，另一个衡量保险公司效益的标准是赔付率，即在一定时期内，保险公司赔款支出与保险收入之间的比率。危险驾驶司机会让保险公司的赔付率提高，这对保险公司非常不利。历史上，前进保险公司一度维持着低于行业平均水平的赔付率，因为那时它关注的不仅是客户的数量,更是客户的质量。

以提高透明度的方式帮助消费者做出更明智的选择,前进保险公司实际上在利用在线费率比较工具告诉人们:对安全驾驶的司机来说,本公司的保险产品最为划算。换句话说,它故意让危险驾驶司机选择其他保险公司。长期来看,这形成了一个良性循环。它降低了前进保险公司客户群的赔偿风险,减少赔付支出,从而提高公司利润;同时能够进一步提供极具竞争力的产品吸引目标客户。就这样,这个创新方案解决了两个问题:消费者的关键需求和商业的关键需求。

前进保险公司并未就此满足。它又拿出了另一个一箭双雕式法宝:一款名为"快照"(Snapshot)的司机监视装置。这款产品理论上能够减少前进保险公司现有客户的危险驾驶行为。这个小巧的车内无线装置将大量司机的驾驶数据传回前进保险公司,例如行驶里程和驾驶速度等。本质上,它是客户驾驶行为的个性化统计工具。前进保险公司的投保人之所以同意在自己的车内安装这种装置,是因为以往统计的数据,可以帮助司机降低 30% 的驾驶风险。

一方面,"快照"因量化了车辆安全行驶的程度、帮助司机节省费用而广受好评;另一方面,它也让前进保险公司得到了保险界的"圣杯":在最短的时间内识别危险驾驶人群,而不是像以往一样,等到雪花般地超速罚款单飞来、甚至客户发生车祸后才追悔莫及。它让危险驾驶司机在参保前就自动曝光。通过这一统计学手段,前进公司实现了整个保险行业梦寐以求的目标:保费不再一刀切,而是根据不同客户的驾驶习惯进行私人订制。当然,从经济学上说,这种完美的"价格歧视"可以将公司的利润最大化。

"快照"的成功,正如伦威克对前进保险公司股东的解释:"一个有着良好驾驶习惯的司机,为什么不能因此得到表扬呢?我们能从一个人的年龄和职业推断出他的驾驶情况吗?""快照"及一系列后续改进产品能够实时监控司机的驾驶行为,并提供个人驾驶的统计数据,为个性化保险定价开了个好头。它一方面可以向参保客户提供更为公平的报价,另一方面彻底改进了现有保险商业模式中的保险精算业务,实现企业与客户的双赢。

这套一箭双雕式创新解决方案,还包括一个客户询价工具(Name – your – price Tool),它能自动寻找与客户报价相匹配的保险产品,这让前进保险公司得以突破其他公司在低价格和高质量服务上的重围,在竞争激烈的保险行业稳稳占据第四的位置。前进保险公司不仅生存了下来,而且市场份额不断扩大,被人们看作保险行业的标兵。

韩国航空巨头的"大衣洗熨服务"

另一个伟大的一箭双雕解决方案案例,可参考首尔仁川机场的飞机库与舱顶置物箱。

亚洲是一个气候复杂的地区。当韩国初冬来临,一些人会选择躲到印度尼西亚巴厘岛等亚洲热带地区去。通常,韩国旅客会穿着笨重的皮大衣前往仁川机场,到达目的地后再随身带着这个返回韩国前都用不上的累赘。

针对这一点,韩国两大航空巨头找到了非常贴心的解决方案:大衣洗熨服务。乘客可以在首尔的机场寄存大衣,然后在回国时取回,而不用把它们也带到巴厘岛海滨。

这个创新方案抓准了航空公司在运营和财务上的一大痛点。每年冬季,机舱内的舱顶置物箱通常都会过早地被先登机乘客厚重的羽绒服塞满,以至于后面登机的乘客根本没地方放行李。所以许多乘客会紧张地在机舱过道中走来走去,寻找放置行李的地方,导致整个登机秩序受到严重干扰。有的乘客会把行李使劲塞进置物箱间狭小的缝隙里，因而使得其他人担心自己的东西会被压坏。为了保证登机顺利，机组人员有时不得不使用极端手段，清空舱顶置物箱，重新排列箱内物品，甚至将实在放不下的东西"请"下飞机。一旦发生这种状况，绝对会给乘客带来极其糟糕的体验，这对航空公司非常不利。

众所周知，精明的乘客对不同航空公司的航班准点率十分敏感。起飞班机滞留，意味着降落航班无法正常落地。因此，如果飞机误点，就意味着顾客流失、运营效率降低、空载燃料成本增加。

而大衣洗熨服务则是一个一箭双雕式解决方案，无论乘客、机组人员还是航空公司的首席财务官都从中受益良多。乘客因摆脱沉重的行李负担而欣喜，登机程序也和巴厘岛沙滩上的微风一样顺畅。另外，大衣洗熨服务仅头几天是免费，超过规定保管期机场就将收取一定费用。这也是所谓的双赢典范。

既实惠又拉风的宝马迷你库珀车

宝马公司的迷你库珀车也是一个一箭双雕式创新产品。

迷你库珀诞生前，经济适用车型一潭死水，因为低价汽车驾驶起来毫无乐趣，造型缺乏个性，人们开着这种车上路甚至都不好意思和熟人打招呼，直到迷你库珀横空出世。

超高性能、漂亮外观和可伸缩车篷，迷你库珀让你尽享驾驶乐趣。车主还能用一系列喷漆工具、车内组件、车门组件尽情改造爱车的造型。这样一来，一辆迷你库珀既能让车主享受兜风的乐趣，又能彰显其个性。但这些还不足以成就其伟大的商业传奇。

商业成功背后的决定性因素往往被消费者忽视。迷你库珀背后的解决方案抓准了汽车行业在满足客户需求方面的关键商业痛点。

以前的汽车行业范式认为，想要覆盖广泛的消费人群，就必须推出一系列满足不同需求的车型，大型车、小型车、高价车、廉价车、实用家庭车和帮人渡过中年危机的车等。每种车型都需要特定的装配线、大量劳动力，而每次车型升级都必然产生高昂的模具成本。

迷你库珀打破了这一范式。它开创性地在单一模具、装配线和平台上实现了客户高度定制服务。一箭双雕式创新，同时解决了消费者问题和商业问题。

可口可乐公司的自动饮料贩卖机

为了换换一箭双雕式创新方案的口味，你可以先注意一下汉堡王、温迪快餐和 Five Guys 汉堡，然后再来看我们和可口可乐公司诸多合作项目之一的可口可乐自动饮料贩卖机案例。

我们在创新工作中经常会遇到扩大消费者选择范围的问题。它在消费者心中占据重要位置，也是我们全盘思考创新方案时的必经之路。人们总想要最好的东西，而只有选择范围够广才能满足这样的需求。消费者选择范围的扩大在最近几十年尤为显著。20 世纪 70 年代，美国商店平均贮货量是 4 000，而今天这一数字已经达到 4 万。这段时间内，饮料种类的增长尤为显著，出现了能量饮料、强化水、运动饮料、速溶咖啡、新时代饮料、子弹酒。我们如今看来稀松平常的功能饮料其实是最近才开发的新品。为了适应爆炸性增长饮料品类，零售商不断扩大店面和货架。

不过，像汉堡王这样的快餐店，就有点跟不上节奏了。一般情况下，消费者想要喝饮料时，头脑中会自动浮现出具体的品牌，然而，汉堡王里那种只提供 6 种饮料选择的饮料机只会让顾客扫兴而归。有的顾客宁愿渴着也不想喝不喜欢的饮料。而对快餐店的经营者来说，为了增加饮料种类而购置冰柜，则意味着减少座位，或者改变经营方式。面对这一难题，自动饮料贩卖机应运而生。

可口可乐自动饮料售卖系统是一个优雅的一箭双雕式解决方案为实现这一点，我们用一种名为PurePour套筒式原料系统取代可口可乐以前卖给快餐店的笨重的喷射式饮料机。通过将不同原料按不同配方混合，这个系统能当场合成消费者想要的任意品种的饮料。从此，消费者再也不会因为买不到心仪的饮料，而在快餐店遭受干渴之苦了。对快餐店和可口可乐而言，自动贩卖机解决了饮料品种受限于空间的问题，他们在饮料上的收入也大大增加。相比只能提供6种选择的老式饮料机，占用同样面积的新型饮料贩卖机能提供超过100种饮料。

最后结果怎样？顾客笑眯眯，商家更是乐得合不拢嘴。另外，这一方案还更加环保。传统而笨重的高浓稠度饮料原浆就此退出历史舞台。

夜晚，在星巴克喝美酒

想象一下，你是当今世上最伟大的发明家，过去数十年供职于某全球最具创造力的公司。你的CEO，也就是这家公司远见卓识的创办者，贡献毕生40年心血，致力于将咖啡的口感优化到极致。这家公司的市场价值是580亿美元，年收益为130亿美元。现在，你要说服你的CEO开发一杯香醇的美酒。你认为，这种酒的商业前景十分光明。

拉黑尔·安塔列克是星巴克产品研发部主任，是一个英勇无畏的人。她和她的团队将目光投向了一个极具盈利潜力的项目。星巴克公司的商业需求和星巴克顾客的需求在此项目上交汇。

作为一名眼光独到、能言善辩的演说家，拉黑尔准备向CEO霍华德·舒尔茨建议，为星巴克开发一种全新口味的产品。她知道前路必将困难重重。之前，星巴克推出的一款苏门答腊咖啡（我们会在稍后章节谈到它），就因其口味太重而惨遭失败。虽然星巴克凭借其创始人敢于挑战的勇气和百折不挠的精神挺了过来，但这并不能抹除星巴克推出成人饮料时的失败。也就是说，拉黑尔想要创新至少要突破两个难关：第一，它不是咖啡；第二，有前车之鉴。

或许你会猜测，拉黑尔的那杯美酒会在未面市前便摔碎在 CEO 的办公室。但情况并非如此。因为针对那两个难题，我们推出了一个一箭双雕式的方案，既能满足顾客需求又能满足商业需求。相对而言，商业需求明眼人都能看到，而对应的顾客需求则需要深入的分析。

从商业角度说，很多高增长企业都会自然涌现一种内在创新动力。研发出某款新产品后，为了提高销量，企业需要围绕这款新产品投入大量资本，如供应链、品牌或仓库等。最终，他们遇到了问题：这款产品并不能充分发挥新投入资本的能量。

耐克就是一个典型的案例。研发一款新跑鞋后，耐克会再推出一系列鞋袜、服装甚至数字类产品。从某个角度而言，这些衍生品能够充分利用耐克的现有价值，比如品牌、外观设计和签约运动员形象。这就像一个跳山羊游戏。围绕一个新产品，耐克投入资本，新投入的资本又催生出更多的新产品，如此往复循环。这种循环也存在于小型商业模式中，即使他卖的是温度计。

我们公司的初始业务是一个为期 5 个月的突破性创新模型，目的是提高最精细复杂、最具颠覆性创造发明的成功率。我们的市场非常狭窄，而且推行的是典型的高风险、高收益业务，毕竟平均而言，一家企业的所有创新活动，只有 5% 能够获得回报。我们的业务所需的资产不过是一套方法、一个团队、一个商标和一群理想主义客户。自然，不可避免地，我们的业务也不能充分利用我们为之投入的资本，因此，一系列更广泛的针对创新的服务随之诞生，包括商业策略咨询和具体实施方案等。后者带来的收入已占我们年度总收入的半壁江山。在任何商业领域中，你都能看到这种跳山羊效应，无论是自然发生还是有意为之，它都为企业陆续带来新机会。当你的公司的业绩不断增长时，留心一下类似的问题，说不定也能发现巨大的商机。

回到咖啡案例，星巴克的壮观崛起，是一系列产品和资产跳山羊的结果。为了让自己的咖啡给顾客带来最佳体验，霍华德·舒尔茨需要建一座前所未有的咖啡馆。反过来，为了充分利用咖啡馆的价值，舒尔茨又需要一系列饮料产品，以迎合顾客的不同口味和饮用频率。为了充分挖掘品牌和新产品的价值，星巴克必须增设销售点，并进军零售业。于是今天，我们看到星巴克仅在美国便开设了超过1.7万家分店，提供上百种不同口味的咖啡。由于分店的数量总有一天会达到极限，拉黑尔决定投入精力提高现有分店的利用效率。

从商业角度看，拉黑尔眼皮底下就有一个机会。典型的星巴克咖啡馆，在早晨和下午都热闹非凡，但下午4:00过后就安静如教堂一般。原因在于人类的生物钟：每天早晨，我们都要洗脸刷牙；每天下午3:00，我们都要喝杯咖啡提神，这些习惯根植于人的基因。所以，下午4:00之后，星巴克就遇上了生物学难题。即便痴迷咖啡如我，也会在傍晚前戒掉咖啡，除非晚餐时小饮一杯。

星巴克在下午遇到的困难，来自人类生理机制和社交行为两个方面的矛盾。如果一对情侣下午出来逛逛，其中一位想喝咖啡，另一位不想，那么星巴克多半要把单这生意拱手让人。拉黑尔的难题非常明了：咖啡虽然是星巴克的立业之本，但它无法在傍晚和晚上招徕顾客。想要人们在"非咖啡时间"继续光顾，星巴克需要种个完全不同的策略。

为解决这一难题，我们依然要利用人类的生理机制。我们观察到，人们在不同时间段有着不同的饮料需求，当咖啡需求衰减时，人们往往渴望酒精。观察商业街的涌动人潮就不难发现，人们从咖啡馆出来后，往往涌向了酒吧和餐馆。问题厘清后,接下来就是拿出相应的解决方案。在此重复一下:一个方案如果仅满足商业需求,而没有解决顾客需求是毫无用处的。我们找到了顾客方面的机会,可市场的机会又在哪儿呢?星巴克能在酒精领域一展身手吗?

基于拉黑尔对顾客需求的深刻洞察,在最后的一箭双雕式解决方案中,星巴克推出了"星巴克夜晚"。星巴克认识到自己并不需要和酒吧竞争,恰恰相反,星巴克的优势正在于,它不是一家酒吧。

拉黑尔这样描述星巴克的市场机会:"一天傍晚,某位女士或者因为工作奔波了一下午,或者刚把一个孩子送去踢球,另一个送去学钢琴,或者她刚在一个陌生小镇的酒店入住。紧张忙碌后,她需要稍微休息一下,小酌一杯好放松下来。但这个时间点,喝咖啡有些晚了,去酒吧又太早,且她只想和女伴稍微放松一下,热闹的酒吧太过刺激,安静的酒吧又有点尴尬。在酒吧里,她也无法拿出笔记本电脑忙点自己的事情。这就是一个巨大的市场空白,星巴克在这里能发挥独特优势。无论是在家门口还是天涯海角,星巴克永远如家般舒适惬意,能够让人放松,又不至于变成猎艳场所,还不必担心工作人员的打扰。那里的氛围放松而舒适,没有商务的烦恼,没有社交的压力,眼前只有美酒和享受。从这些忙碌的女性消费者身上,我们看到,星巴克不仅可以一展身手,而且很可能大获全胜。"

调整音乐和灯光,提供一系列美酒(拉黑尔亲自挑选)和精致小食,保持轻松随意的氛围,人们可以不受打扰地上网或看书。"星巴克夜晚"在每天下午4:00后准时开启。它独具慧眼地从普通女性消费者的生活中找到了机会,填补了相应的市场空白。最后,连霍华德·舒尔茨也为此方案大开绿灯。看着人们在"星巴克夜晚"频频举杯,拉黑尔想起来两个重要时刻。

"试营业的第一天,我紧张地坐在一张桌子旁边,看会不会有女性顾客光顾我们，方案中假设的需求会不会得到证实。我们的第一个顾客是一名男性，他进来要了一杯酒。我当时就想：'天呐，难道我们搞错了？'那位顾客落座后，我过去找他聊天。发现他是一名全职奶爸，而且刚送孩子去踢球！这听起来令人难以置信，可它就是真的。另一个难忘时刻，是我和一些女性顾客讨论这个方案时，突然有位女士掉下泪来。她说，每天一到下午的后半段，她就觉得非常难熬，能够在那种时候放松一下真是太好了。"

随着"星巴克夜晚"的流行，星巴克成功推出一系列新产品。很多女性顾客都喜欢在下午光顾"星巴克夜晚"，有时也会有男性顾客出现。拉黑尔和霍华德·舒尔茨也时不时会去放松一下。

拉黑尔最后这样总结："明确的商业需求和明确的顾客需求完美结合在一起，这种感觉难以言表。这样的方案无懈可击，没有人能够拒绝它。"

"漏斗形创新渠道"的狭窄出口

至此，我们对一箭双雕式的解决方案现有了大致了解；现在，我们再分析一下，为什么这样的解决方案能够有效提高创新项目的成功率。

请回想一下你所在公司或行业正在酝酿的所有创新项目。不管你有没有意识到，创新项目的优胜劣汰不停地在你身边发生。你的公司或者某位挑剔的风险投资者，时刻都在寻找有价值的创新方案，甚至一家零售店的老板也会考虑是给你的新产品腾出一个货架，还是选择其他公司刚出炉的新产品。很快你就会意识到，你并不是在一个真空管里搞一个注定震惊世界的发明创造；你也不是闷在地下室，只有你家的宠物狗会对你的发明点头赞同。

任何一个具有发展前景的行业,在金字塔最低端一定有大量的新手在孜孜不倦地探索和研发新产品。如果这些创新项目全部得到资金支持,其资金需求量必然远远大于全世界企业需求资金的总和。任何风险投资者或天使投资人都会尽可能寻找最具潜力、最靠谱、最有可能盈利的项目。因此,无论是你在公司搞研发,还是作为个人搞发明,最后都不可避免地要和成千上万的创新方案竞争,以争取公司或投资人的青睐。

你在创新渠道中走得越远,遇到的竞争就越残酷,就如弱肉强食的自然界一般。

从理论上说,大多数创新方案都有可取之处,而且能满足一定的市场需求,但在进入公司的漏斗形创新渠道(见图3.1)时,它们将接受最为严苛的考验,它们所有的缺点都将赤裸裸地暴露出来。很快,你就会看到不同创新方案之间的差距。

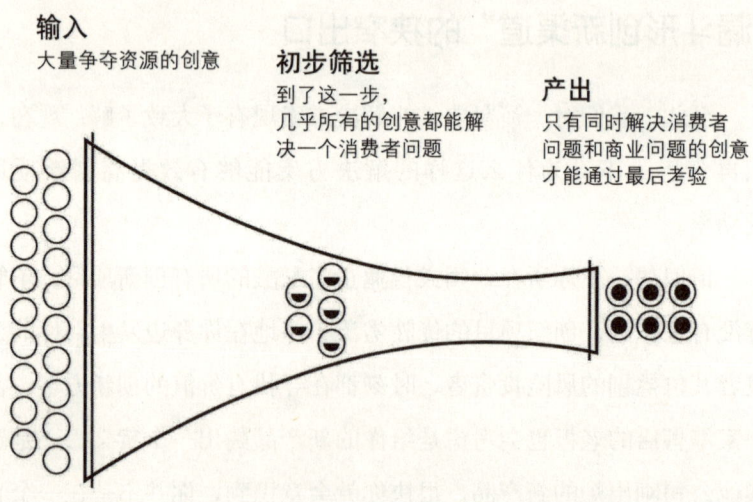

图3.1　漏斗形创新渠道

在创新渠道早期，任何创新发明都需要足够的资金和场地，但并不是所有创新都能得到资金的支持。在早期阶段，少数方案会被公司认为具有重要的战略意义，大多数方案则只有空洞的野心、脆弱的假设、不切实际的技术或似是而非的直觉和灵感。针对这一点，我们需要为公司的创新渠道注入某种化腐朽为神奇的东西。

在创新渠道中段，任何未能满足顾客潜在需求的方案都将被否决或取代。创新渠道注定是一个漏斗，因为你不可能拿出所有资金和空间来推动所有项目。这时候，你或许会天真地认为参与竞争的所有创新方案，都会有特定的潜在消费群体，这就是"以用户为中心"的创新思想的短板。找到并解决潜在顾客需求只是进入创新渠道、参与竞争的前提条件。解决客户需求非常必要，但并不足以支撑你的创新方案走到最后。

现在，我们从漏斗形创新渠道的中间段跳到最后的狭窄出口。最后幸存的方案终于上市并大量生产了。你能发现它和那些被淘汰的方案之间有什么区别吗？除了千军万马过独桥、一将功成万骨枯的概率游戏，我们还能发现一个本质的差别。那些走完整个漏斗形创新渠道并最终上市的幸运儿，与那些半途夭折的方案相比，有着非常不同的特征。

通常，幸存的方案背后的创意都是那些对公司最具战略吸引力，且最能充分利用公司资本的创意。所以，它们最有可能为公司带来最大回报。为了筛选出这样的方案，公司必须甄别出既能满足顾客的需求又能满足公司需求的天才创意。从本质上说，这就是我们所说的一箭双雕式解决方案。

如果你希望自己的方案能在严苛的漏斗形创新渠道中杀出一条血路，就必须坚定不移地朝着这个方向努力。但很不幸，当今大行其道的创新方法并不能满足这个要求。

用两条腿跑步

看懂了这种为争夺公司或投资人的青睐而进行的"达尔文主义竞争",你就会明白,想提高创新项目的成功率,我们需要用可靠的创新取代中奖式创新。

在典型的以用户为中心的创新模型中,当人们研究出一套解决顾客需求的方案后,通常会高兴得太早,他们在会议室大叫"消费者会爱死我们的产品"或"我们做到了"之类的豪言壮语。或许,他们的确做得很漂亮;不过,在真正的产品上市前,还有堆积如山的问题亟待解决。

在建筑设计领域赫赫有名的包豪斯主义(Bauhaus Edict)强调"形式服从功能",但在此优雅的精神背后却是一个残酷的现实。现代创新实践并没有发现潜在消费者需求的功能,更遑论研发出造福人类的新产品。那只是达到目的的方法。创新实践的真正功能实际上是将优秀的创新推向市场,改善人类的生活,促进商业繁荣。由于传统创新渠道本身的特性,以用户为中心的创新方案并不具备上述功能。这样的方案大多只能通过漏斗形创新渠道的早期阶段,最多走到中段。然而,在以成败论英雄的创新领域,这种方案可谓毫无作为。

漏斗形创新渠道中段的创新方案能够为消费者带来一定的利益,但只有最终胜出的方案能够为公司挣到钱。这种优胜劣汰正是漏斗形创新渠道的价值所在(图3.2)。

你随着千军万马奔赴而来,眼前却是一道深渊,且只有一条独木桥通往对岸。**你的方案能否继续前行,取决于它是否能解决盈利或为公司创造竞争优势;你的方案是否会被挤下深渊,取决于其背后的成本和风险。**毕竟,将一个点子转变为看得见摸得着的产品,需要批量生产,拟定上市计划,准备库存和资金,支付一大笔超市渠道费等。

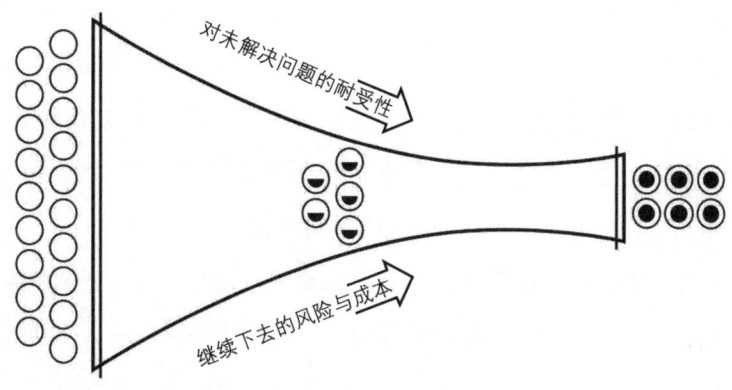

图 3.2　漏斗形创新渠道可筛选出有商业价值的创意

一旦方案失败，你将血本无归。

所以，综合方案的高成本、高风险性和公司的低风险承受能力，这种只解决顾客需求而不顾商业需求的创新方案，理所当然要为那种一箭双雕式创新方案让路。以用户为中心的创新模型的致命弱点在于，它把重大的商业问题留到最后才考虑。乐观是一种优点，但在为有限资源斗得头破血流的达尔文式竞争中，对商业问题的解决能力才是一个创新方案胜出的最大筹码。你一方面渴望更多资金支持以继续前行，一方面遗留一大堆亟待解决的商业问题，那么你的创新方案就非常没有竞争力。当然，你可以到最后再回过头来弥补这一点，但这就跟整个学期都在踢球泡妞的学生，直到期末考试前一天晚上才拿起课本抱佛脚一样：你当然可能蒙混过关，但概率实在太小。

以用户为中心的创意运动风靡全球后，全世界都开始用这种只把事情做对一半的方法从事商业活动。所以，也难怪真正能够上市并为公司带来收益和增长的创新方案少得可怜了。

但请不要误解我的意思。以用户为中心的设计理念，是人类思想的一大进步。它很好地履行了自己的历史使命：为公司或投资人带来围绕消费者而设计产品的思路。问题在于，这种创新流程和现实完全脱节，一味提供有趣甚至让人叹为观止的想法，但没有提到任何可行的市场策略是行不通的。这种半成品方案很容易被公司拒绝，因为它只解决了一半的问题，无法经受残酷现实的考验。

那么，你要如何让自己的创新方案赢得主动权？答案其实要回归到一个常识。让我们回到包豪斯设计理念：形式服从功能。我们需要的功能，并不是让自己的创意进入漏斗形创新渠道后就听天由命，而是让它顺利通过整个创新渠道并进入真正的市场，所以，我们的要为之努力的是后者。开展创新工作时要双管齐下，也就是说，从创意诞生的第一天到最终产品上市，我们都要一视同仁地对待消费者问题和商业问题。

我们必须具备极强的能力，才能驾驭这种包含两个变量的创新模型。你手下那批擅长深入分析消费者行为、心理、感情和愿望的员工或许并不是考虑公司损益、寻找公司商业痛点并最终为公司带来最大收益的最佳人选。而公司收益往往是衡量一个创新方案的最终标准。为了一箭双雕而额外付出的时间和精力，将会在最后为投资人带来极大的回报。我们要做的，就是改造创新流程的开头部分，让整个创新流程从一开始就为最终结果服务。

以下6个步骤将帮助你的团队提高创新成功率，助你成功打造一箭双雕式创新方案。

从第一天开始就进行一箭双雕式的思考。记住，形式服从功能。如果你的创意理念只注重消费者层面或商业层面，那么你的创新方案就不可能一箭双雕。设计一个一箭双雕式的创意流程，投入同样的心血同时探索消费者和公司商业痛点，然后在此基础上系统地展开自己的创意。尽早将消费者的问题和商业问题同时摆上台面，以供综合分析。

挑出重要的问题，而不只是有趣的问题。 一个创意的价值有多大，往往要看它能解决多大的问题。在检查消费者问题和公司商业问题清单时，请尽可能挑出最大的问题。如果一开始只关注小问题，你就只能得到无关痛痒的解决方案。比如，在保险行业，准确估计参保司机的驾车风险系数是公司能否盈利的关键。

创造点与点之间的强力连接。 所谓创造力，就是将看起来完全不相关的两个事物联系起来的能力。把消费者的痛点和公司商业上的痛点视为两个点的集合，然后尽可能把它们连接起来。想一想首尔仁川机场是如何将一个重要的消费者问题和一个严重的机场运营问题一举解决的。把这些看似不相关的事物联系起来时，你说不定就有令人热血沸腾的发现。

提出双赢的创意。 我们的目标很明确：找到能够同时解决消费者问题和公司商业问题的创意方案。在你寻找灵感，筛选点子并最后打造方案时一定谨记：唯有一箭双雕，才能笑到最后。

只有在起步阶段多流汗，才能在最后时刻少流泪。 双管齐下，意味着我们要在前期多付出许多辛劳的汗水。但在最终关头，公司决定是否投资批量生产你的新产品时，你将获得最大回报。在开始阶段多熬几个通宵，就不必在之后几个月因为方案失败而辗转难眠。

充分准备你的电梯演讲。 现在你可以胸有成竹地向公司决策者或投资人回报自己的项目了。请尽可能地简明扼要。比如，你可以说：消费者的头等大事是 X，我们公司的头等大事是 Y。你的创意正好能够一举解决这两个大问题。

一旦提出一箭双雕的解决方案，你就赢定了。毫不夸张地说，你一定能够完胜所有的竞争对手。

第 4 章
你的创新算盘打得还如意吗？

当年，苹果公司决定向零售业务和 App 电子商务转型时，连乔布斯也不能拍着胸脯保证它能成功。现在，两大业务为苹果带来超过 160 亿美元的收入。如果实力雄厚，高风险高回报的创新确实值得一搏。

不用第一个吃螃蟹，不用增加新设备，利用现有资源及能力，时代华纳有线电视公司就毫无悬念地一网打尽智能家居业务和私有云业务。遇到低风险高回报的创新项目，就别等了吧。

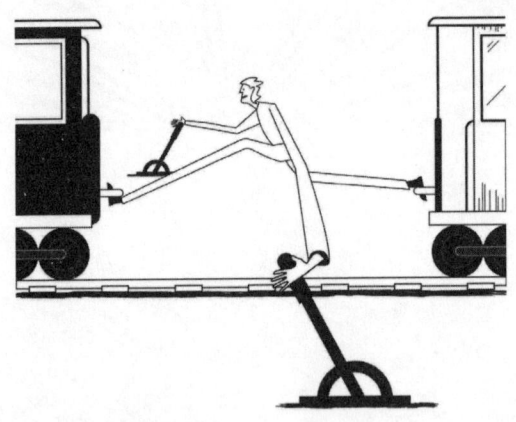

今天，无论什么类别的商品，消费者都有很多的选择，例如，各种各样的跑鞋、信用卡、手持设备、运动背包、墨西哥卷、空气清新剂、汽车和袜子等，但其中有多少是人们真正需要的呢？**只有依靠重大创新突破，公司才能在成王败寇的市场中杀出一条血路。**

然而，想要通过改变公司一直以来安身立命的产品属性和商业模式，大大提升公司的业绩曲线，创新部门的负责人常常会受制于四方面的因素：巨大的增长目标、脆弱的风险承受能力、有限的资源和短期投资回报。这四方面因素将对创新工作产生了4个方向截然不同的拉力（见图4.1）。

四种拉力博弈的结果，是不同的机会与难易程度的组合。我们称之为拉伸系数。

对于机会和难度之间的关系，传统观点认为，相比渐进式的改良，更加重大的创新，背后必然是更艰苦的工作、更长的周期、更高的风险和更昂贵的执行成本。的确，有时"大"确实意味着"难"，不过如果不假思索地接受了这样的假设，那么我们一辈子都只能搞点儿"微"创新了。

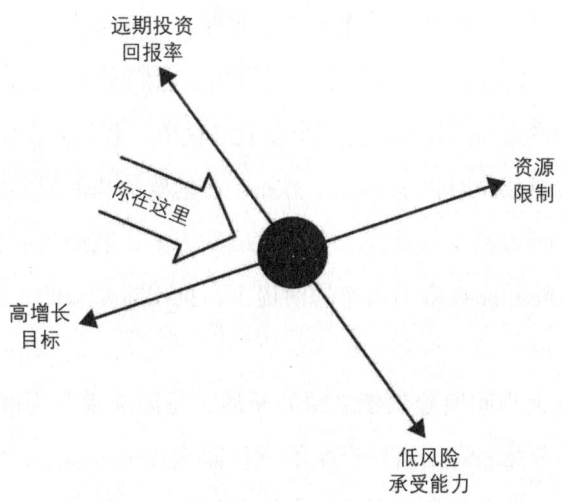

图 4.1　创新项目面临的四种拉力

由于我们的使命是一方面扩大创新的规模，一方面提高创新成功率，所以我们必须尝试颠覆这条看似颠扑不破的真理。我们在这方面最后取得的成果，并非太上老君的万能金丹，而是深刻的洞见、丰富的经验和坚固的理论框架。对大多数创新项目而言，我们的理论框架可以直接套用。

首先，我们来考察问题的根源。传统观点所认为的"创意大＝风险大＋周期长＋成本高"是正确的吗？为了检验它，我们从公式左边开始。问问你的上级，他曾经多少次将"大"资金砸进了"小"创意，而且这些"小"创意还很难成功？这听起来很疯狂，但这种事情发生的次数，要比你想象的多得多。正因为这种蠢事经常发生，所以毙掉糟糕的创意就成了管理层的核心工作。由此可知，至少"小"并不意味着风险小、周期短和成本低。那么，反过来看，"大"是否意味着风险大、周期长、成本高？

在产品研发和公司经营方面的经验告诉我们："大"和"难"之间

并没有必然的联系。事实上，作为创新领导者和实践者，我们完全可以将其作为选择参数。因此，只要方法得当，我们完全可以打破"大"和"难"之间的关联。为此，在整个创意过程中，我们会在宏观把控、资源选择和人员招募时倍加小心。另外，在紧要关头的思考能力、综合能力及应变能力也十分重要。有了正确的方向，我们就能在保证高成功率、低风险和高投资回报率的前提下，推出重量级的，甚至颠覆现实的创意。

解决创意大小和风险规模之间的矛盾，是解决商业问题的关键。企业为了提升业绩表现而自然产生的创新需求会越来越多，但它们的风险承受能力永远都那么脆弱。任何搞创新的人，都要想办法提高项目的成功率，将东一榔头西一棒子式的散点式创新转变为一步一个台阶的大创意。所以，我们需要一套可靠的方法论，尽可能降低公司将大量资金投入某个重大创新项目时的风险。

你能把球打到火星上去吗？

打破"大即是难"的魔咒，既要从创新流程下手，也要从人的因素进行考量。让我们深入创意天才们永不满足的大脑内部，一探创意发生的究竟吧。

人类意识就像一个广阔无边的储藏室，里面充满了各种想象和关联，它们等待着外界刺激。而所谓的创新，既润物无声又惊心动魄，既归属永恒又藏于瞬间；它可能是一台发动机，也可能是一包速溶咖啡；可能是舞蹈的演变，可能是科学的诞生；可能是陶艺师手里不起眼的黏土，也可能是建筑师图纸上巍峨的大厦；可能是更先进的捕鼠器，可能是更高的股票价格。所有领域的新旧更替莫不归功于创新，而一切创新的背后，都是人类对进步永无止境的渴望。

因此，在项目负责人吹响创意团队集结号的那天，我们经常能听到这样的豪言壮语："我们要干的是一件真正的大事，我们一定要打出全垒打！"从这一刻起，所有人都全力开启自己的想象力。

人脑负责创意的部分，是由一系列直觉、激情、识别、情景、刺激和颠覆世界的野心组成。开始创意项目，面对眼前的一张白纸，我们脑中的这些因素全都会活跃起来。

然而，由于缺乏正确方法论的引导，我们强大的想象力和巨大的野心一不小心就会把整个团队带入泥沼，陷进那些永远不可能实现的妄想中。

在可能性的问题上多花一些时间是值得的。如果你不把推测未来的可能性看作最终目标，而是当成回顾现实的制高点，则更会有益。对未来的可能性进行展望后，再回顾现实，能帮助我们发现更多的问题。

不过，为了追求实实在在的市场成果，对遥远的未来过于执着也有不利的一面。这就好比潜水，在深水待太长时间，会出现一种"氮麻醉"的神经兴奋状态，这是一种危险的愉悦感。我长期生活在亚洲，深知这种快感有多强烈，也知道这种快感有多致命。我和一位朋友在新巴布几内亚潜水时，发现了一枚"二战"遗留下来的B1深水炸弹。由于氮麻醉，我们产生了一种极度快感，我们差点儿没能在安全潜水时间内返回。但很多人并没有如我一般幸运，他们因氮麻醉丧命。

同样，在创新领域，过度的可能性探索也会让人产生类似的幻觉，从而脱离了商业准则和现实环境，并最终扼杀整个项目。由于对未来扭曲的观测，有些人开始把巨大的商机和极度的困难联系在一起。从**某种程度上说，一些创意之所以看起来很了不起，恰恰是因为它们永远无法实现。**但话说回来，对既要向国家纳税、又要对股东负责的公司而言，"了不起但是不可能"完全等于"不可能"，根本无所谓了不起。

反过来，一个同样有害的偏见是：由于某些项目可行性比较高，人们竟然因此而忽略其中的巨大商机。其中的心理过程是，既然这个

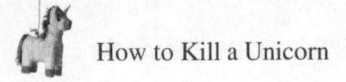

创意那么容易被执行,那么,和那些不可能实现、充满未来主义色彩的创意相比,它一定不是什么出色的点子。在这一点上,误导我们的是人类认为优秀的想象力一定要挑战极限的自然偏见。

那么誓言中的"全垒打"只是一个浪漫的幻觉吗?我们不希望自己伟大的创意打出全垒打吗?我们当然希望,但是我们首先要明白全垒打的真正含义。大多数人并不知道棒球场的边界在哪里。它是一条看得见的弧线,距离本垒三四百英尺。本垒上的击球手将重心从后脚转换到前脚,依靠臀部和腕部的力量,用一根长33英寸的球棒将棒球奋力击出。

全垒打是棒球比赛最高潮的一幕,非常少见。即使是棒球史上最擅长本垒打的击球手,打出全垒打的概率也不到10%。但全垒打是一名棒球手凭借自身能力完全能做到的事情。无论在棒球界还是创意界,全垒打都意味着尽我们最大的能力,打出最强力的一击。

很不幸,我们从创意项目负责人嘴里听到的全垒打完全是另外一回事:我们把球打到火星上去吧!让我们来个后羿射日吧!嗯,精神可嘉。但请问,你是用原子弹击球吗?

破坏性创新:打破市场格局而非摧毁自己的公司

渴望突破极限是人类的天性。我们并不想否认这一点。但我们要做的,是把广大发明家武装起来,让他们的天才创意成功地打破现有市场,而不是摧毁自己的公司。

哈佛商学院的克莱顿·克里斯坦森教授因其对破坏性技术和破坏性创新的研究,对创新领域作出了重大贡献。下面让我们在维持性创新和破坏性创新之间画一条线。所谓维持性创新,是指在业务范围内紧紧围绕某一中心的微创新;所谓破坏性创新,则是利用技术领域内的一次飞跃，生产新产品取代现有产品。在两种创新的连线上，我们可以按照对目前不同市场的影响力细分出更多不同重量级的创新类别。这个工具对研发部门的负责人非常有用，既能保证自己的公司不会落后太远，也能让公司紧跟重要的技术进步所带来的商机。

　　破坏性创新理论确实有巨大的价值。这一理论的真正实践者，每天都要想尽办法为项目工作组和公司筛选出真正优秀的创新方案。创新项目组从实际出发，希望拿出真正具有颠覆性的新产品，"破坏性"的确是需要重点关注的主题，但就我的经验而言，我对它的认识和克里斯坦森教授的研究结果有几个很大的不同点。

　　如果一名高管或投资人为一个创新项目签了支票，他们通常不会说："快点儿，我希望这个新产品能够用上一些破坏性技术！"他们的要求很简单：制造出的新产品必须能让公司持续盈利。项目投资者则可能会因为担心公司的创新渠道是否够稳健，能否为公司带来业绩增长而彻夜不眠。但他们都不在乎公司业绩增长的原因是什么。无论是杀入新市场、进入相邻市场还是现有扩大市场份额，只要能让公司业绩增长，无论什么，他们都接受。

　　在项目结束那天，他们想要的是"破坏性的增长"，是仅凭现有业务能力无法达到的商业巅峰，而非空洞的"破坏性创新"本身。一方面，由新技术带来的业绩飞跃的确令人向往；另一方面，对公司的生命力而言，新技术也非常重要。但二者兼而有之的情况太少见了，而且风险极高。从研发出新技术到等待其成熟，再到最后规模化生产的过程太漫长，就像等待戈多那般难熬和无望。不过，傻等那些新技术成熟，或匆忙创新，都是非常危险而愚蠢的行为。

　　那么，帮助创新团队兑现公司业绩增长承诺的实践框架是什么？经过研究，我们认为，人们不应该站在理论的角度看待破坏性，而应该站在一箭双雕的角度。也就是说，从我们要从取悦消费者和促进商业增长两个层面来思考破坏性。

一旦从这个角度调整思路，你的洞察力将迅速提升，并很快明白自己想要的究竟是哪种创新方案、手头有什么样的创新方案以及哪些方案是可以真正实施的。

这里有一个简单的前提。对一个既定项目而言，其对市场的破坏性（Disruption of the Marketplace）以及对公司的破坏性（Disruption of the Company）是两个重要的影响因素。科技在两方面都能起到一定作用，但它往往不是问题的关键。市场破坏性和公司破坏性相互独立，对期待为公司带来强劲业绩增长的创新渠道来说，它们起的是两种完全相反的作用。

一方面，如果一项创新能够破坏现有市场，这说明它引起了市场需求的转换，并以一种前所未有的方式创造了新价值。另一方面，如果一项创新会给公司带来破坏性，那么它成功面市的概率就非常小。我们并不是说，给公司带来破坏性的创新就一钱不值，只是说它的这一特点让它很难被决策人接受，更不要说批量生产并销售，从而给公司带来增长了。

一项创新对市场的破坏性，可能体现在多方面。比如，它用一个全新的价值定位填补了市场空白，解除了消费者的烦恼或挖掘出了消费者的潜在需求和痛点，提升了用户体验，降低了价格，形式特别新颖，把不相关的东西整合到了一起等。或者，它通过新的设计、装备、技术和渠道战略极大影响了人们的购买决定。

一项创新对公司的破坏性也可以是多方面的：它可能违背了公司现有的增长策略，或与公司财务指标、能力、科技、资产、品牌、发行渠道和风险承受能力不相符合等。

以市场破坏性和公司破坏性为坐标轴作图，我们就能得到一个有效的分析框架，它能帮助我们改造或筛选创意，或将公司的创新组合作为一个整体进行考察，看它们的结构是否合理（图4.2）。

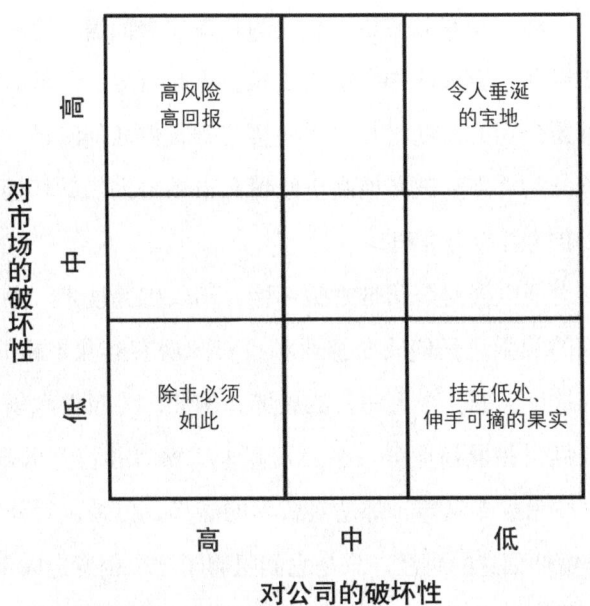

图 4.2　市场破坏性和公司破坏性评估图

哪个象限的创新回报高或风险低？

在寻找 BFD 创意过程中，市场破坏性和公司破坏性评估图能为你厘清很多重要问题。我们从评估图左下角开始观察。你最好把它视为禁区，若非必要，不要轻易涉足。处于那个位置的创意，一方面需要公司动一次大手术，另一方面也无法在市场上激起太大波澜。很多有价值的点子都会落到那个区域，它们重要的商业意义可能存在于未来。也就是说，它可以保护现有市场需求，但无法在短期内创造与相当规模的新需求。

比如，在罐头的盖子上加一个拉环，方便不会使用开罐器的未成年消费者打开罐头之类看上去很小但是很巧妙的点子就会落入这个区域。这是因为，为了在盖子上加一个拉环，罐头生产商需要投入大量资金调整生产线。从商品使用便利性的长期趋势而言，这样做确实有益，但消费者并不会因此扫光罐头货架。由此可见，降低未来风险的创新，能够为公司的长期增长打下坚实基础，但任何时候，只要你的创新方案给公司带来的破坏性高于给现有市场带去的破坏性，那就等着公司决策者的百般刁难吧。

一项创新之所以会给公司带来破坏性，不仅因为技术、生产、方法和经营方面的局限。任何改变企业和投资人现有商业策略的创新，对公司而言都是巨大的、令人痛苦的破坏。例如，为新需求创造一个新品牌，为新机会拓展新业务，在公司尚未成熟时强行开辟新渠道，扶植新的专有技术或专利等，都是对公司的破坏。但是，对公司带来破坏性并不是糟糕创意的脚注，只是它们阻碍了这个创意走向市场。

现在，再看评估图左上角区域。在那里，你能找到很多对公司和市场都具有高破坏性的创意。实践这些创意，公司需要经历很大的痛苦，然而一旦调整过来，获得的收益也颇为可观。

无论是实体销售还是 App 的电子商务，苹果公司向零售业务的成功转型方案都可归入这个区域。苹果公司刚做出这个决定时，很少有专家敢拍着胸脯保证它能成功。不过，其中蕴含的商机是如此巨大，非常值得放手一搏。现在，电子商务每年为苹果公司创造 160 亿美元的收入。实体店的顾客总流量已达到 10 亿，单在 2013 年最后一个季度就产生了 40 亿美元的营业额。

手握一定数量的高破坏性创新项目，有助于维持健康的商业态势。它们让你有余力始终注视着远方的机遇和挑战。不过，实现它们并不容易。经验告诉我们，创新者总是本能地不断强调这类创新项目好的一面，想要把它们卖给企业高层，但公司想成功培育这种高风险、高收益的创新方案，必须仔细考量自己能否承担创意带来的风险。史蒂夫·乔布斯说过，他唯一想要为苹果公司寻求创新方面的外部建议，是他考虑进军实体零售店的时候。捷威（Gateway）公司的失败案例让这一决定的风险再明显不过。所以，他希望彻底了解其中的风险，并找到降低风险的方法。

再看看评估图的右下角，那里都是待君采摘的甜美果实。该区域创新项目的市场破坏性虽然不高，但对公司的破坏性也微乎其微。这包括核心产品线的延伸或大多数公司都欢迎的小幅改革。

如果说左下角的创意，公司只有在死马当活马医的情况下才考虑采纳；右下角和左上角的创意，就其对市场和公司的破坏性而言，优先次序旗鼓相当；那么位于右上角的创意就是公司的金矿了。找到它们，正是我们建立这个模型框架的最终目的。

在这块令人垂涎的宝地，你能找到对市场需求有着最大破坏力，但对公司几乎没有破坏性的创新方案。也就是说，这些方案既能找到空白市场，也可以让公司业绩大大提升。它们通过公司审核并为其带来巨大利润的概率很高。如果要举例，我们可以回顾一下第一章。三星现有生产线完全能够批量生产透明液晶显示屏，并且其现有战略计划也支持三星进军透明技术运用领域。一方面，三星可以将新技术直接运用到全新的制冷领域；另一方面，三星可以将这一新技术转让给制冷领域中的公司。这样一来，三星就避免了草率进入完全陌生领域、和其他企业直接竞争的风险。最终，三星成功地破坏了市场，同时把对公司的破坏性降到了最低。

市场破坏性和公司破坏性评估图可以帮助我们打破"大即是难"的魔咒。但这个框架很大程度上受到决策人偏好的影响。你必须冷静、客观地看待公司现有能力，而不是一味对公司的潜力头脑发热。

在项目开始阶段而不是在结尾阶段就考虑公司的实际能力，你就不会把公司的设备、工厂、技术和专利视为制约手头项目的镣铐。事实上，它们变成了能把你的梦想小船带向远方的有力风帆。而它们能帮你走多远，完全取决于你如何利用它们。

达特茅斯大学塔克商学院克里斯·特林布尔教授及其搭档、畅销书《创意之上》（*Beyond the Idea*）的作者维贾伊·戈文达拉扬，描述了创新者在创新过程中不顾公司实际能力的状况。"在追求并执行创新项目的过程中，创新者常常害怕将创新与企业绩效挂钩。他们总是把企业绩效看成创新项目的限制，而不是授权。由此，创新者往往会逃避这些问题。一旦他们把自己孤立起来，就失去了唯一资源，即企业的运营能力，也是创新的物质支持。太多创新项目掉入这个陷阱并因此夭折，我们对此感到十分惊奇。"

不必第一个吃螃蟹

作为时代华纳有线电视公司的执行副总裁、首席战略官和人力资源主管，彼得·斯特恩的头衔和背景同样复杂。他在哈佛大学主修音乐和英语，并在耶鲁大学取得了法学位，然后加入了麦肯锡公司主管技术和媒体实践，最后转投时代华纳有线电视公司，后者于2009年脱离其母公司——时代华纳。

彼得及其团队的主要工作，是找出并执行处于评估图右上角区域的创新项目。在众多方案中，他相中了两个：SCMA（即安全、控制、监测和自动化的缩写）和云计算。

在时代华纳有线电视公司诸如电视、手机和网络服务等核心业务之外，SCMA和云计算这两个创新方案都具有为公司开辟新市场的潜力。换句话说，二者均可成为时代华纳的金矿。但遗憾的是，目前二者都没有被纳入公司的增长计划。为了将它们整合并推行下去，有两件事情亟待解决。首先,这两个领域都需要注入一些所谓的"X因素"，以保证时代华纳有线电视公司在与新市场中的巨头竞争时能够胜出。

这正是我们沸点公司的介入点；其次，我们要充分准备演讲，用吸引人的原理阐述和商业案例来呈现那两个创新方案，以争取时代华纳有线电视公司董事会的支持。唯有如此，他们才会调配相应的人员和资金，让我们的创新方案成功孵化。

尽管对时代华纳有线电视公司而言，那是两个完全陌生的增长点，但 SCMA 和云计算却早已存在于成熟市场，且每个市场都已被实力强大的公司占领。如彼得在项目动员大会上所言："参与这两个领域的竞争，我们有强大的设备、能力和基础设施，我们需要的只是一套独特的逆袭策略，把敌人杀个片甲不留。"如果借助市场破坏性和公司破坏性评估图思考这个问题，这套独特的逆袭策略，只可能存在于右上角。

如果说，彼得所指的"X 因素"策略能够破坏市场，打开市场缺口，那么下一步就是考虑它对时代华纳有线电视公司内部可能造成的破坏。我们最好用一种对公司零伤害的方式来抓住那两个机会，否则它们会被董事会以风险过高为由而枪毙。没有任何一家大公司愿意去打一场没有把握的"世界大战"。与任何强势的董事会一样，时代华纳有线电视公司的董事会将密切关注所有超出公司核心业务的新机会背后的风险。

不同组织对不同程度的破坏性的看法也大相径庭。就一个创意而言，其最具革命性的部分，就是它为项目组带来最大灵感的部分和最能抓住商业机会的部分。但对那些长期从事管理工作的高管和董事会而言，它们也可被视为风险的最大来源。同时，一个史无前例的创新之所以让项目组兴奋，正是因为它"史无前例"。但"史无前例"也完全可以被管理层当成又一个重大风险。作为一名"二战"老兵，彼得深知这种矛盾。因此，他做出了一个十分大胆的决定：在带领公司进入新市场之前，先向董事会营销其中的良机。如果我们能够说服董事会相信，那两个创新项目不仅能在新市场胜出，还不需要公司做出重大调整，那么我们的项目就能得到支持。

为了找到能最大限度破坏市场，并无须对公司进行重大改造的策略，我们有两种方法。稍微艰难的方法是由外而内的，即从一个基于市场的激进创意出发，然后回头看能否把它和公司现有成熟业务匹配起来。初创公司不存在这方面问题，因为它们根本没什么成熟业务好匹配，但在成熟的大公司，你确实需要一点运气。这种由外而内的方法，在一定程度上和以用户为中心的创新方法相似。我们发现，更容易的一种方法是由内而外的，即寻找新的方法来发挥公司现有的能力，然后再寻求市场突破时机。彼得采纳了后者。

"打造一个创新游戏的棋盘，抓住那两个机会，我们真的仅用了两个过滤条件。一是市场规模要大，二是要与我们现有设备及能力相匹配。"

当明确了"符合现有能力"是实施创新项目的前提条件后，我们就着手寻找市场的切入点，并为逆袭做一些基础工作。在 SCMA 领域，问题的关键是紧紧围绕消费者的需求，比如住宅安保（警报和救援服务）、住宅监控（水电消耗、父母远程监控）和住宅自动化（控制门、锁、窗及电器等）。所有这些都可能是消费者的兴趣点，且需求程度也不同，因此它们都可能是公司未来数年努力的方向。这个项目启动的时候，世界上还没有一家有线电视公司或远程通讯公司真正摸索过这些领域。不过，技术的突飞猛进很快就会在数年内改变这一现状。既然希望时代华纳有线电视公司能够在科技和消费者习惯发生变动时盈利，我们必须根据已知的事物来制定策略。

在 SCMA 领域，眼皮底下的一块肥肉（也可能是独角兽）就是人们对未来主义住宅的向往。我们很容易想象这样的未来：人们在家里想做的所有事情，都能通过一个简单的中央控制器来完成。开灯、播放音乐、开窗、叫孩子吃饭、烧开水、和远方的奶奶视频、关掉空调，所有这一切都只需动动指头按一下按钮。

这听起来都很酷，但有个问题。未来主义住宅的概念自诞生以来，就历尽坎坷。无论是首度向消费者做出承诺，还是在技术工业展览会上亮相，这一概念的诞生能追溯到20世纪60年代，例如动画片《杰森一家》。

20年前，我和一位在Novell公司工作过很多年的科技天才共租一套公寓，他从事的项目之一就有关于厨房自动化的。但是，在所有为解决技术问题而付出的努力中，科技天才们都忽略了一件重要的事情。消费者对上述中央控制器并不那么渴望。说直白一点，他们很喜欢那种技术，但并不愿意为它买单。由此，关于未来主义住宅的最大问题，是如何提高消费者的付费意愿。这是很多高科技住宅项目失败的根源。我们不是为了改变而去改变人们的家庭生活，而是为了商业利益。所以，我们要把注意力集中在消费者愿意掏钱的变革上。

我们的策略同时兼顾三方面的考虑：什么最能让消费者愿意掏钱（住宅安全），什么最能充分利用公司现有设备和能力（现有客户关系、按月付费模式、广为人知的品牌、覆盖住宅区的网络线路、全天候呼叫中心、整合设备、软件和数据流），哪个市场的占领者存在最明显的弱点。

先进一点的保安公司依靠固定电话监控住宅，而闯入住宅的毛贼干的第一件事就是剪断电话线。所以，保安公司的视频监控手段时常陷入困境。单靠铺陈更多线路来弥补以上缺陷，成本非常高。像AT&T之类的移动公司尝试过进军这一领域，并成功了。但AT&T公司虽然能够解决地面线路的问题，却缺少在地面监控一所住宅需要的人手，也没有一条龙的安装服务。所以，这里就是时代华纳有线电视公司得天独厚的制胜切入点。鉴于时代华纳有线电视公司现有设备和优势的杠杆效应，以及和现有产品及服务捆绑销售的可能性，我们可以朝消费者迈出很大一步。从传统保安系统的缺陷来看，安装现有保安系统非常复杂，且家庭用户渗透率明显偏低，所以我们不仅能够抢占现有市场的份额，还能凭借对数据线路的所有权和对无线技术的大力改善，以更高效、总体全包的方式建立细分市场。

在提出以安全为中心的创新方案的同时，我们也没有忽略控制、监测和自动化在未来可能遇到的其他机会。比如智能家居设备制造商Nest就是控制装置市场中的强悍"入侵者"，谷歌公司砸下30亿美元买下它。虽然它的时代还没到来，但也不远了。我们可以把住宅安保系统当成特洛伊木马，让时代华纳有线电视公司在娱乐、数据和通讯以外的领域进一步深入消费者的日常生活，在住宅里创造一系列接触点。例如，一个可以按照保安程序的中央控制器，当然它的功能还可以更广泛。在技术可行的情况下，这能为时代华纳有线电视公司带来更多的、消费者愿意付费的商机。如果我们对未来的预期成真，时代华纳有线电视公司就能在住宅中央控制器领域大展身手。但在那之前，我们只能根据市场的现有需求，一点一点扩展其业务和阵地。

有了这种前瞻性认识后，我们的工作重点变成了如何让时代华纳有线电视公司董事会支持这一项目。我们知道赢得他们支持的方法。我们展示了破坏性二分法，证明这个项目可以创造出对市场极具破坏力的产品，而对公司的伤害为零。我们告诉董事会，只需利用时代华纳有线电视公司的现有设备和能力，就能生产出新产品。我们向他们展示特洛伊木马策略，展示其经济原理、公司的竞争优势以及如何充分利用现有设备及能力。董事会最后给予了我们最大的支持。在该创新项目的执行过程中，我们可能遇到几大障碍，例如需要管理一个从未执行过的长期销售流程和一个比电缆盒和调制解调器更复杂的家用设备安装流程。但这些都可以凭公司现有的能力解决，并不需要为此研究一套新技术。

时代华纳有线智能家居业务正式启动后，以安全为核心的 SCMA 业务从小范围起步，到 2013 年，已横扫全美国。随着附加服务、传感器、监控器和控制器渠道的稳定扩展，以及消费者对居家科技和便利性需求的不断增长，时代华纳有线电视公司的业务进一步深入消费者日常生活的方方面面。而且，从安全领域起步，时代华纳有线电视公司没有必要成为新技术领域中第一个吃螃蟹的人，也不需要在有线电视声明条款中增加一行额外声明。

彼得的棋盘里还有另外一步棋，就是进军云计算领域。多年来，时代华纳有线电视公司在为小型企业提供通讯服务方面取得了强大的市场地位。同时，由于视频点播和其他核心服务的激增，市场对存储和传输信息的基础设施的需求也越来越大。如果把这两个点连接起来，我们就能利用现有设备在云计算领域找到巨大商机。

在本章的案例中，商机中的关键部分就是，时代华纳有线电视公司凭借自身品牌声誉和广大的消费者基础，让云计算变成一个更方便、可靠的工具，因为小型企业没有专门的 IT 部门负责处理这件事情。因此，在云计算创新方案中，信任因素就是时代华纳有线电视公司的 X 因素。这个方案不仅能像亚马逊那样在幕后提供服务，还能成为敏感、重要的信息流的数据通道。

我们从这个商机中看到了一个前所未有的价值定位：赋予商业以私有云。另外，这一创新项目处于表格的右上角，因为时代华纳有线电视公司已经拥有了坚实的消费者群体，并一直为市场提供远程通讯服务，而一切设备都是现成的。董事会的认可为这一商机铺平了道路。为加速它的实现，董事会批准收购了据报道价值 2.3 亿美元的云服务提供商 Navisite。

彼得这样总结自己的经验："云计算就是未来。凭借现有能力发展云计算，我们打开了时代华纳有线电视公司从未涉足过的空白市场。

我们拥有广泛的小型企业客户基础，而且其数量还在急剧增长。他们从没听说过云计算能带来的好处，因为他们没有自己的 IT 部门。所以，这些小型企业非常需要一个为他们提供全套云服务的供应商。此外，他们还要考虑安全方面的问题，所以我们作为数据通道管理者的角色就自然成了一项巨大的优势。在这方面，凭借已具备的能力，时代华纳有线电视公司成功的概率很高。综合这些因素，我们相信，时代华纳有线电视公司的业绩增长是不可避免的。"

第 5 章
没错，就是要戴着商业镣铐搞创新

iPod 的诞生并不是受到消费者对移动音乐的爱好的启发。它的问世，完全出自一个新的"可行性"发明：东芝研发出了一种微型磁盘驱动器，但无处可用，为什么不用这个新家伙在未来掀起一场数码娱乐革命呢？

　　在酒吧里，你经常能听到有人忆当年：他们曾有一个多么了不起的点子，可惜全都胎死腹中了。听得多了，你就会发现这些故事都提到一件事：好奇心。再难解的问题，总有几个人会在好奇心的驱使下，抓住仅有的线索苦苦思索，最后灵光一闪，了不起的创意诞生了。他们本能地意识到，这个点子不仅将改变人类的生活，更会让自己大赚一笔。于是，他们以"玩一把"的心态尝试制作一系列模型，然后冷静下来，检测它是否解决了最开始假设的问题。

　　研究了一系列高潜力创意是如何失败的之后，我们发现，人们在反复犯同一个错误：一味追求创意性，而不花时间研究可行性。将创意性和可行性联系起来，是本书的基本理念之一。

　　在沸点公司，所谓的"创意性"是用来形容那些真正与众不同的点子，它既可以为人们带来新的利润或便利，也有公司能够实现它。它不仅让发明者激动不已，而且备受目标消费者的喜爱。它成功填补了市场空白，甚至颠覆了人们某个陈旧的习惯，开辟出一系列全新的产品或服务，改善了人们的生活。

　　那么，可行性又是什么？请记下以下问题：

- ◆ 它真的能够解决预设的问题吗？
- ◆ 如何把它制造出来？
- ◆ 它的成本是多少？
- ◆ 如何将它推向市场？
- ◆ 可能遇到的管控或销售问题有哪些？
- ◆ 它能赚钱吗？
- ◆ 它会让公司变得更有竞争力吗？
- ◆ 如何为这个项目融资？

只顾点子的创意性有多强，而不管其可行性，就好比你请别人来家里吃饭时列了一个鲍鱼燕窝的菜单，却一道菜也不会做。幻想这次宴会将多么成功毫无意义，因为即使别人兴奋地接受了邀请，你也根本拿不出任何东西招待他们。

杰夫·武莱塔是沸点公司的创始人之一。在创意性和可行性的拉锯战中，他总结道："让消费者为一个新点子兴奋很容易，但让一家公司来做一件从未做过的事却很难。可行性问题让太多的人付出了高昂代价，人们浪费了自己的天才、想象力、时间和金钱。"

如果只窝在自己的车库或宿舍里搞创新发明，而不顾可行性，你确实能从天马行空的想象中得到满足，且也不会对社会造成什么危害，你浪费的只是自己的时间而已。但如果你在商业领域也这样做，把老板、投资人、客户丢在一边，那便是非常不负责任的行为。众所周知，世界上已经有太多让人激动万分却永远无法落实的创新项目。到底如何提高成功率，将创意项目失败的可能性降到最低？这一问题困扰了我们许多年。

问题的答案或许有些马后炮，并且在一定程度上违背了常识。

我们发现，一个创意项目的失败，通常是由于它所包含的野心超过了实际的生产或赢利能力，或者受制于当时的科技水平。所以，**如果把整个创造过程反过来，将出现意想不到的效果：先讨论一个问题的可行性，然后再朝着创意性前进，力争颠覆整个市场，创造出新的需求，那么成功率也许会更高。**

这意味着把项目的难题摆到最开始的位置，提前解决项目执行和财务上的障碍。也就是说，先把可能导致项目失败的问题解决掉，而不是在执行过程中才发现它们。

如果你是电影里的霍比特人，那么你光着脚、只揣一片面包和一把小刀就踏上史无前例的冒险旅程也没什么不妥。而且，在和恶龙面对面之前，你也无须操心如何杀死它。但创新不是这样。想要有所作为，就必须留心每个可能导致项目失败的因素。如果仅凭一个没有针对性解决一定问题的方案，创新成功的概率会非常低。反过来，如果你从一开始就紧盯最棘手的问题，并有意识地寻找解决它的方法，那么到最后，你就不大可能以哀悼仪式结束自己的创新之旅。

我想，以用户为中心的创新理论的信奉者可能会对此感到不自在。他们会争辩说，如果从第一天就开始就操心可行性问题，会极大伤害创新团队的创造力。不过，我们的经验和明显高于平均水平的创新成功率已经证明，那是一个错误的、短视的观点。其中的关键在于，我们应当把可行性当成创新目标和创新过程的一部分，而不是在最后让人分心或扫兴的因素。在创新界流行着这样一个说法：你无法在思考一个能充分满足潜在消费者需求的方案的同时，还为如何实行这一方案而废寝忘食。实际上，这种说法是错误的。为了简明证明这一点，让我们再仔细回顾一下第二章提到的马赛克银行系统。

在马赛克银行系统中，我们的突破性想法是，客户仅仅多购买一种金融产品，就能整体提升他原有理财组合的整体价值。而在开始思索最终方案的价值定位之前，我们已经对可行性问题进行过深入研讨。

第一个关键的可行性问题是，我们怎样才能将一系列不同的金融业务整合为一个有机整体？

对银行而言，不同的金融产品具有不同的盈利方式。有的产品的利润源于利息，有的产品的利润则纯粹源自服务费，而有的产品不是从客户身上获利，而是从他们的余额中揩油。其他的，例如移动服务，银行从服务流程中谋取利润。因此，我们认为银行需要创造一种适用于"共同货币"的表格，让各个部门都能清晰客观地看到消费者每个行为背后的经济价值。再妙的商业方案，只有适用于"共同货币"才能顺利地推广到银行所有部门。在想出针对消费者的点子之前，我们已就如何将不同部门整合起来的关键问题进行了深思熟虑。消费者或许从未听说过"共同货币"，但我们必须发明这样一个概念。虽然这一工作要花费好几个月，但如果把这个问题留到最后，这个项目很可能在中途就因为时间和资金的缺乏而夭折。而委托我们进行创新的银行就会觉得他们买到了一只独角兽：看上去很美，但不切实际。

另一个关于可行性的重大问题是，创新产品如何在银行不同部门间分摊成本和利润？所有跨部门创新项目都隐含着一个潜在破坏因素，而且无论在餐饮、金融还是时尚领域，我们都遭遇过这个问题。很多创新项目在没有解决这个关键问题前，仅凭一个创意性很强的点子就匆匆上马，最后却倒在终点之前。因此，我们在为创意性问题绞尽脑汁的同时，也需要对这个问题倾注大量心血。这样才能确保针对消费者的创意性与针对公司的可行性无缝对接，完美融合在一起。

马赛克银行系统之所以如此强大，是因为我们专门为它发明了一种算法。基于不同的顾客类别，这种算法能计算出顾客新购买的金融产品为银行的平均利润带来多大的增量。它会根据一个公式，将新业务带来的增量利润的一部分回馈给客户，回馈额与其之前购买的产品直接挂钩。这种根据顾客已购买产品的利润进行回馈的形式，提升了整个产品组合的价值，这是史无前例的。借助这一算法，银行在推出新的金融产品后，可以自行计算应为新产品的每位新增客户投入多少资金。

创新性 vs 可行性

在创意领域中，过于注重创新性而忽略可行性的情况非常普遍，这让很多人的心血最后都付诸东流，既浪费了金钱，也错过了机会。以可行性为导向，开展工作不是什么新鲜的点子，但可能只有少数人知道，它实际上也是可靠的灵感之源。回忆一下，iPod 的诞生并不是受到消费者对移动音乐的爱好的启发。iPod 的问世，完全是出自一个新的可行性发明：东芝研发出了一种微型磁盘驱动器，但无处可用，那为什么不用这个新家伙在未来掀起一场数码娱乐革命呢？

还有很多事情证明，可行性完全可以成为创新灵感的强大来源。在我的工作经历中，带给我最大启发的是波士顿 Design That Matters 公司采纳的一个创意：改进发展中国家婴儿恒温箱的功能，从而每年挽救了数千名早产儿的生命。

通常，能够挽救早产儿生命的是那些资金充足的慈善基金会。他们会将最先进的婴儿恒温箱捐到世界各地的贫困村落去。最开始的几个月，这些恒温箱确实拯救了很多早产儿的生命。但很快，先进的婴儿恒温箱就需要维护了，但那些贫困村落没有任何人懂得如何维修这些精密仪器。于是，婴儿恒温箱沦为摆设，成了被遗忘的、昂贵的慈善纪念碑。Design That Matters 公司的团队注意到，机智的村民有一种特殊的能力，他们能让旧轿车或卡车再跑上十几年。所以，Design That Matters 公司准备发明一种新型婴儿恒温箱，它们完全由汽车部件构成，任何懂得修车的人都能胜任维修工作。这样一来，那些慈善机构的善心将发挥更大的作用。而这一切都要感谢在可行性问题上下足功夫的发明者。

这个由可行性问题产生创新灵感的故事听起来很棒，但它最终失败了。它不仅证明了可行性问题的重要性，也告诉人们想保持创新项目的可行性需解决非常多问题。

这种汽车组件设计思路是解决贫困地区长期维修婴儿恒温箱的出色方案，但它带来了一系列新的可行性问题。比如，怎样寻找愿意生产它的医疗设备生产商？如何生产？如何销售？去哪儿寻找愿意采购它的医疗体系或慈善体系？这些问题激励 Design That Matters 公司进行更深入的思考。

Design That Matters 公司的 CEO 蒂莫西·普雷斯特罗，在一次 TED 演讲上谈到了汽车组件婴儿恒温箱项目的失败，谈到它终究还是没能温暖真正需要它的婴儿。《时代周刊》对此进行了图文报道。蒂莫西认为，这个创新项目之所以夭折，是因为他们把精力放在了用户和产品上，而不够重视商业问题。所以，他们永远无法向一个处于危险中的早产儿提供真正的帮助。

蒂莫西的话不仅能够启发人们的思想，而且为创新方法论带来了一些改变。蒂莫西的意思就是从"为用户而设计"转变为"为结果而设计"。虽然事情不同，但他们的问题和我们的问题毫无二致。他们的失败，增强了我们原来的信念——可行性问题才是创新这道方程式中最难解的部分，所以先解决这个问题将对成功率的提升大有裨益。

然而，创意性能立即为产品的提供商和终端用户带来巨大转型利润。创意性重要吗？绝对重要。不过，我一直试图向团队和客户阐明的哲学是：对创新而言，可行性和创意性缺一不可。如果一个点子具有非常高的可行性，但无法为客户或自己公司带来可观的利润，那么也就难说它有什么价值；但再绝妙的点子，如果没有市场或商业可

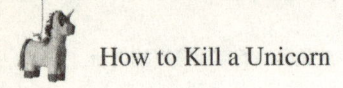

行性,那么它也永远无法被称为"伟大的创意",顶多算一个让人分心的干扰,只会浪费宝贵的时间和有限的资源。因此,它也无法对现实世界造成任何影响。

一个创新项目想要成功,很大程度取决于可行性问题在创新流程中的优先等级。在创新早期阶段的几个月里,我们应该问的问题是:"如何才能实现这个点子?如何才能盈利?"你所需要考虑的,是公司现有的能力和条件。你不大可能一下子解决所有问题,但把这些问题写下来,能帮助你形成最终的解决方案。随着你在研发和商业化阶段越走越远,问题的重点就会从"如何才能实现这个点子"变成"我们要怎样实现这个点子"。二者之前的区别非常重要,而且这个点子越是新奇,其可行性问题就越重要。

"大"不等于"难"

综合以上种种考量,我们现在可以说,"大"的创新未必就一定困难、昂贵、充满风险、周期漫长。我们应该换一个物理方面的比方:液体和固体的融合。人类想象力是世界上流动性最高的东西。面对挑战,人类的想象力以种种神奇的方式流动,开辟出新的路径。但是,偶尔遇到一些特别坚硬的物体,例如商业现实、策略、运营和经济,人类的想象力也会就此停止。

所有固体都具有可塑性,但通常需要借助外力,如车床打磨、锤子敲击,或冲压和加热等。在人类的商业历史中,只有在两种情况下,商业才可能具有近乎液体的可塑性:一是某项商业活动刚刚出现,所有基础设施、策略和生产能力都尚未具备;二是它不幸陷入了财务危机,于是任何可能走出深渊的路径都被考虑。

所以,在构思创意,并尝试将其推向市场时,我们必须问问自己,是要加工商业项目这块固体，以便在其中嵌入人类想象力，还是直接把人类想象力浇灌到其表面，用人类丰饶的想象力适应商业的现实？

用最散漫的方式做创新，仅以消费者的一时之念和欲望为导向，完全无视创意必须面对和适应的现实，那么，纵然是最卓越的想象力，最后也只是南柯一梦。你知道为什么超过 90% 的创新项目最后都让投资人亏得血本无归吗？很简单，因为液体无法轻易改变固体，以让固体适应液体。即使所谓"水滴石穿"，也要假以漫长的年月，沧海桑田更是需要数百万个春秋，而创新项目的投资人不可能等那么久。当我们一味地追求所谓颠覆性，完全忽略现实，而不是以现实为基础，哪怕最光辉灿烂的创意，也会遭遇和蒂莫西·普雷斯特罗的婴儿恒温箱一样的下场。

别在坚如磐石的商业现实前一头撞死

作为公司创新部门负责人，你既要找到一个了不起的创意，又要在不对公司造成严重破坏的前提下实施它。**提升创新成功率的方法，并非让团队放飞想象力，而是让团队想象力瞄准最正确的目标**。这个瞄准过程，绝不应该是漫长的 6 个月，而最好是在走进办公室、泡一杯咖啡、和同事们打招呼的 6 分钟之内完成。

首先，我们要赋予创新项目一个明确的、不同凡响的使命。永远别说"我们要大干一场"，然后在失控的想象力和肾上腺素的影响下，带着项目一头栽进太平洋。我们应该这样说：

> 我们要找到新兴消费者需求和公司的策略、运营能力及资产之间最有利可图的交集。

这样一来，我们就有了新的努力方向。按照字面意思，我们需要一个既着眼消费者新兴需求，又重视公司现有设备、策略和运营能力的方案来实现目标。我们在一个十字路口寻找灵感，所有超出公司运营能力的创意都应该被排除在外，剩下的便是既充满想象力又具备可行性的好创意。

其次，我们要说：是的，我们要竭尽全力打出全垒打，但是用手里的球棒，而不是用原子弹。

第三，我们要把公司的运营能力视为可用资源，而非限制条件。它是能够带领我们扬起远航的风帆，只要我们的想象力之风足够强劲。说到这，可能有些人要大叫了：这是戴着镣铐做创新！好吧，请想象一下，如果达·芬奇、毕加索、雷诺阿和德·库宁把矩形的画布视作限制他们艺术想象力的牢笼；如果莫扎特、迈尔斯·戴维斯和吉米·亨德里克斯把十二音阶视作制约他们音乐才华的镣铐，结果会怎样？答案很明显，我们必须有意识地控制自己的想象力，否则它一定会失控。想象力一旦失控，我们就会陷入魔咒认为"大的创新一定困难大、风险高、周期长"。

在推进创新项目时，市场破坏性和公司破坏性评估图会让你有惊喜的发现。

打破"大的创新一定困难大、风险高、周期长"的魔咒有多种方法：

◆ 承认21世纪现代创意的真理吧：大 + 不可能 ≠ 0。

◆ 警惕这样一种趋势：一个创意之所以了不起，是因为它不可能实现。反过来也一样：难以实现并不代表了不起。

◆ 仅以用户为中心，你的创新项目只会在坚若磐石的商业现实面前一头撞死。思考"由内而外"和"由外而内"的问题，尝试在不破坏公司的前提下掀起市场的风雨。

- 别再把公司的现有运营能力视作创新的镣铐，把它们视作能让你肆意挥洒艺术天赋的画布。
- 别再相信"创造力只有摆脱了现实的负担才能发挥最佳功效"的鬼话。只有把创造力集中于一点，才有可能挑战极限。
- 不要在6个月之后再考虑如何在颠覆市场的同时不破坏自己的公司。这个问题，在项目开始的头6分钟就要考虑。
- 去寻找新兴市场需求和公司能力、设备的交集。

第 6 章
野蛮生长 & 火速创新

天然百利公司研发生鲜狗粮,12 个月之内就将"能量鲜"摆上了超市货架,18 个月内拿出了"满口鲜"。创新,对慢性子说"不"。

里德·豪利特是一个充满紧迫感的人。

这一方面可能是因为天性使然。里德是一名CEO。你认识的大多数CEO都能在欲望和才能的驱使下以最快的速度搞定一件大事。这是他们之所以成为CEO的原因。但里德的紧迫感还有另一个原因：他脑子装着两个同时滴答作响的时钟。

第一个时钟是外部的，即他的公司天然百利。天然百利是生鲜狗粮领域的领导者。生鲜狗粮的市场规模每年达2.5亿美元，且以25%的速度增长。越来越多的人发现，相比传统宠物食品，生鲜狗粮能让他们的宠物更健康。作为一种冷冻肉和蔬菜混合类馅饼，生鲜狗粮从一开始的小型家庭作坊发展成规模庞大的宠物食品连锁店。专门存放生鲜狗粮的冰柜成了宠物食品店的新宠。这是一个激烈争夺地盘的时刻。数不清的产品在争夺消费者和零售商的青睐。有输就有赢，反应敏捷、创新速度快者才能成为最终胜利者。

里德对宠物健康的关怀极具感染力。他的逻辑优雅而简洁："天然，意味着猫狗能以类似其在野外时的方式进食。你什么时候见过一条狗自己生炉子煮食物，或者把嘴里的骨头磨成粉末再吃？如果把它扔进一家超市，它会跑向存放罐头食物的货架，还是会跑向存放生肉的柜台？"

里德与其团队不仅致力于推动这一细分市场的扩张，还以宠物健康为最终目标设立了行业标准。试想，如果你事事落后，又怎能成为行业领导者呢？

如果说，这一激烈竞争还不能完全激起里德对市场快速推陈出新的欲望，那么，第二个处于其内部的时钟则发挥了重大效能。Catterton Partners 是一家资产达 25 亿美元的著名私募基金公司，它对天然百利持有控股权。数年前，在生鲜狗粮刚开始出现迅速增长的苗头时，Catterton Partners 公司买下了天然百利，并向其提供大量且急需的资金，支持其产品线和流程，并向公众宣传生鲜狗粮的优点，进行市场教育。与其他私募基金一样，Catterton Partners 公司希望自己的投资在规定时间内得到应有的回报。

为保证天然百利在激烈的竞争中胜出，Catterton Partners 公司的合伙人之一斯科特·达克向里德推荐了沸点公司。斯科特知道我们在创新领域有着非同寻常的成功率，而且我们一定会全力以赴推出一种能够大获成功的新产品。另外，他还被"魔法与金钱"模型吸引。这个能够同时解决消费者问题和公司的商业问题的模型，帮助我们大大缩短了把创意转化为实际产品的周期。

Catterton Partners 公司对创新的热情，完全与其私募基金的身份不符，因为创新在私募基金的游戏规则里，从来没有任何地位可言。通常情况下，私募基金买下一家公司三五年后就将其卖出，从中赚取一笔可观的利润。为了达到这一目的，他们一般会使出以下几招：在股价最低的时候入手、削减成本、重组管理层、重组财务。所以，创新向来是以增加非必要成本的形象出现在私募基金的视野中。在私募基金看来，由于周期漫长，创新项目一方面会增加短期成本，另一方面却只能产生一个不确定的长期收益。如果产生收益的期限超过了私募基金预计的持股期限，或看上去并不能收获丰厚且稳定的成果，创新项目很容易成为成本削减的重点对象。

如果推向市场的速度是一家私募基金支持创新的最大阻碍因素，那么，创新者天生的慢性子就是另一大阻碍因素。为粉碎这两大阻碍，私募基金面临着两个不尽如人意的选择。

第一，管理咨询公司。这是私募基金新收购一家公司并对其进行整改时经常求助的对象。通过管理咨询，创新项目的战略和愿景能够得到一定程度的调整，但仍旧缺乏把这些战略转变为能够产生收益产品的创造力。

第二，设计公司。设计公司从来不缺创造力，但在私募基金眼里，设计公司只会念一堆关于产品和用户体验的难懂术语，而不顾公司的现实和产品的盈利能力。设计公司永远无法有理有据地说清为什么一个创新项目值得投资。设计公司通常会说："消费者告诉我们，他们一定会喜欢这样的产品。"如此简单粗暴的答案，有人敢投资才怪。在这种情况下，私募基金没有其他选择，只能把创新当成追求利润的次要选择。所以，私募基金对创新项目避之唯恐不及一点也不奇怪。

一方面企业并购市场越来越高效，另一方面私募基金有大量的余钱来购买公司。这两方面因素叠加，抬高了私募基金对目标商业项目的估值。同时，财务重组对公司估值的影响力已大不如前。很少公司在整改和重组后还能榨出更多油水。以上因素综合在一起，导致私募基金持有投资公司的年限延长到了5～7年。这导致私募基金提高了对投资组合公司业绩增长的要求，而非简单地整改和重组。

哥伦比亚商学院的罗伯特·法鲁希尼亚教授是身经百战的私募基金老兵，同时也是哥伦比亚大学"私募基金2.0"项目的创始人。他认为，私募基金的临界点即将到来。"私募基金行业最开始由几位银行家创立，行业历史只有短短数十年。这一领域的领军人物发明了一种曾经非常有用的模型。凭借这一模型，很多人疯狂涌入私募基金领域。而金融危机和新的市场环境掀起了变革，变革中这些黑匣子般的模型全军覆没。

"在没有万能药的新市场，企业要么抱着曾经成功的旧模型惶惶度日，要么紧随新的成功案例，冒险实验新方法。我猜这又是从众心理从中作梗，一旦一小撮先驱者证明创新可以可靠创造可持续价值增长和竞争优势，证明其效果远超所有的金融工程，那么毫无疑问，创新在私募股权投资中的地位将大大提升，因为企业业绩增长对私募基金越来越重要。"

给创新过程添加点催化剂

所以现在你已经明白，天然百利需要的是业绩增长，而不是削减成本。里德和斯科特将创新视为业绩增长的催化剂。但为了满足二人对速度的要求，创新这个催化剂本身也需要一些催化剂。

沸点公司中，负责天然百利项目的是马库斯·奥利弗。作为牛津大学出身的心理学家，马库斯非常善于观察。他养的一条名为鲍勃的混血宠物犬经常在我们的办公室里巡逻。在沸点公司的各个创新项目中，马库斯都作出过卓越贡献，所以由他负责这个项目再适合不过。

马库斯重点研究了产品体验，然后将视野拉回整个宠物食品零售领域；他借鉴与本领域毫不相干、但其增长必须同样依赖新的消费者行为的产品的经验；他将生鲜狗粮和宗教信仰放在一起考虑，因为生鲜狗粮和非生鲜狗粮的选择，不仅是两种产品优劣的比较，更是对与错的较量。同时，他也基于企业现实寻找最大的商机。对马库斯而言，对速度的要求成了最严峻的考验。

和里德的团队开了意义重大的碰头会后，我们立即忙了起来。现在，里德和斯科特的压力转移到了我们身上，但前期工作丝毫容不得马虎。经验告诉我们，为了保证创新项目快速面市，项目团队不应该压缩前期基础工作的时间，而是提出更高效的策略。同时，在选择进军领域时就作出最明智的抉择，可以确保解决方案始终以最终目的为导向并被严格执行。另外，任何工作都必须考虑公司的现有设备和运营能力。

我们双管齐下，从生鲜和非生鲜两个角度走进宠物饲主的世界，并深入考察天然百利的既定战略、财务状况和运营方式的合理性。我们面临的问题总结起来似乎很简单：寻找能够快速展开并进入生鲜狗粮市场的创新方案。但这看似简单的总结背后，是想象不到的重重困难。和往常一样，为顺利推进这一项目，我们需要一个有效的策略。

在一个把创新等同于飞跃和闪闪发光的新产品的世界，创新策略的重要性被大大低估了。创新策略是从恒河沙数般的无限可能性中找出宝物的过滤器。在办公室里贴满字迹潦草的便利贴不难，难的是从中找出最佳方案。好的创新策略能够帮助我们把注意力聚焦在最可能找到最佳方案的区域。在沸点公司，我们的目标就是找到能让消费者和公司双赢的交集。

除确保把精力投入做正确的事情之外，创新策略还能帮助我们加快速度。然而如果没有明确的方向，速度再快也只是在迷宫里瞎转悠；如果没有好的策略，在纯粹兴趣的指引下，所谓创意只是一些突发奇想和瞎猜的混合物。随着时间和资金耗尽，项目最终便会走向灭亡。伟大的策略则能避免这种状况，并且给出一系列基于不同市场需求和公司需求的评判标准，让你的团队在项目的每个阶段都能做出正确的决策。

迅速出炉的生鲜狗粮

创新策略的两块打火石分别是消费者洞察力和商业洞察力。项目的前期工作能让我们找到最能准确概括核心问题的那句话,而后者很可能就隐藏在消费者一句漫不经心的开场白中。

为理解消费者问题,我们分别研究了采用生鲜狗粮和非生鲜狗粮的人在饲养宠物时,获得了什么好处及其对情绪、体验和财务的影响。宠物关怀是最感情化的生意。比如,我家的宠物狗科迪在和癌症抗争时,我们家经历了组建家庭以来最揪心的时刻。我们非常高兴,它活到了不可思议的15岁高龄。每个饲养宠物的家庭都有类似的故事。

或许,这可以很好地解释经济危机中一条惊人的统计数据:2009年,全球经济陷入衰退,美国家庭食物支出骤然下跌,与此同时,对宠物食品的支出却上涨了10%。我们宁愿削减两条腿的家庭成员的食物预算,也不愿意亏待自己的宠物。尽管生鲜狗粮价格比罐头和干货更贵,生产起来更麻烦,但其销量却实现了猛增,这实在不能不引起人们注意。

当我们深入调查美国家庭是否愿意放弃更方便的宠物食品而选择生鲜狗粮时,其中一位消费者这样说:"是我妹妹跨出了第一步。她的狗狗容易过敏,于是有人建议她试试生鲜狗粮。生鲜狗粮带来的好处远超她的预期。无论从外表、精力和行为上来看,狗狗的健康状况都达到了前所未有的高度,从此她迷上了生鲜狗粮。后来,我也有样学样。生鲜狗粮太棒了,我至今仍然庆幸自己做出了正确选择。"

在人们的故事里,"跨出第一步"这种话反复出现。最初,我们并未留意,但最终它成了我们探讨消费者问题的高频词汇。终于,我们了解了人们的第一步需要"跨"过的具体障碍:3倍于普通宠物食品的价格、不习惯去超市冷鲜区找宠物食品、不愿意在拿取生肉时弄脏自己的手。瞧,第一步所要跨过的障碍还真不小。于是,我们之前从消费者身上观察到的现象终于解释得通了:对生鲜狗粮持观望态度的人基本都没有采用生鲜狗粮。幸运的是,所有食用了生鲜粮食的宠物的健康状况都有了明显改善,所以,凡是购买过一次生鲜狗粮的人,都会一直买下去。

随着项目推进,我们开始筛选消费者的反馈,并把它们和公司需求结合起来,再考虑到零售业瞬息万变的大环境,最终得出了商业策略。我们意识到,自己面对的是一个像跷跷板一样交替上升的局面。跷跷板的一边是生鲜狗粮所带来的全部好处,另一边则是阻碍消费者选择它的所有因素。很明显,为了加快生鲜狗粮的普及,我们要做的就是尽量强调它的好处,以消除消费者的心理障碍。毕竟,这正是之前的消费者选择生鲜狗粮的直接原因。

正当我们为自己的"跷跷板"策略洋洋得意时,马库斯丢了一个关键问题过来,瞬间改变了办公室里的气氛:"伙计们,我们是不是忽略了一个明显的事实?既然每位消费者都谈到跨出第一步会遇到障碍,那我们为什么还要保留那些障碍、把它们当成不可避免的呢?真正的问题,难道不是出在障碍本身吗?"这个简单的问题着实意味深长。

创新通常被视作对差异化的探索。干我们这一行的人,每天早晨醒来,喝一大杯咖啡后就开始思考如何"思考"出一个前所未有的绝妙点子,而不是思考如何实现它。我们一直执着于找到一个独一无二的点,好让新产品和竞争者区别开来。

然后马库斯的问题让我们意识到一个不可忽略的事实:生鲜狗粮在体验上的差异化大得有点过头了。这就好比消费者原本只是想略微了解一条陌生的河流,而我们却让他坐着一只木桶穿过整个尼亚加拉大瀑布。想取得成功,对生鲜狗粮好处的持续宣传依然必不可少,但现在,我们需要把目光放到市场,而不是创意本身。策略的重点其实在跷跷板的另一边,即减少消费者选择新产品时的重重障碍。伟大的创新策略通常优雅而简洁。在这个案例中,我们把它精炼为 6 个字:减少购买阻碍。

通过与里德及其团队的充分合作,项目前景渐渐明晰,进展得十分顺利。我们开始思考,什么样的产品才能满足"减少购买阻碍"的需求,并能以理想的速度冲进市场。负责这一项目"金钱"问题的皮特·毛利克最擅长将可能性和实际相结合。他在会议室的黑板上,提纲挈领地把眼前的问题分解为三部分。"写个公式给你们。"他说。

成功 = 实际消费者行为 + 运营能力 + 了不起的创意

为了研究消费者的实际行为,我们的目光回到了饲养宠物的家庭。第一个引起我们注意的消费者行为是"补充营养"。少数宠物主给宠物提供的食物很简单,例如一碗粗磨狗粮或一只狗罐头,但将近一半的宠物主会在宠物的食物中添加一些营养品。有的是为了把宠物的一日三餐做得更可口,更多的则是为了给宠物补充额外的营养。所以,为宠物补充营养是桩油水达数十亿美元的买卖。

从补充营养的角度打造生鲜狗粮,我们的胜算很大。"减少购买阻碍"在这里意味着要克服"生鲜或非生鲜"的二选一问题。至少在正式接受生鲜狗粮之前,我们可以让饲养宠物的家庭选择市售狗粮并保留以前的喂养习惯。

为此,我们开辟了"生鲜营养添加剂"系列产品。这也可以减轻消费者由于完全选择生鲜狗粮造成的经济压力。和狗粮市场上的现有产品相比,完全选择生鲜狗粮,会导致宠物的饲养成本突然上升。皮特为此算了一笔简单的账:推出生鲜营养添加剂产品,能降低 15% 的预估饲养成本。看上去,这确实是"减少购买阻碍"问题在行为和经济方面取得的一个不小进展。但还有另外两个重要的问题等着我们解决。

　　从营养科学的角度说，一两勺生鲜狗粮真的能够明显改善宠物的健康状况吗？为此，我们特意询问了天然百利的专家，并得到了肯定的答复。接下来，我们需要弄清楚天然百利是否有能力在规定的时间内生产这样一种产品。公司的运营团队带我们参观了生产生鲜狗粮的纯天然急冻干燥处理系统。之所以采用这种处理系统，我们有深远的考虑。由于无需购置新的生产设备，我们避免了潜在的资金成本、时间成本和风险。而且，经过急冻干燥处理的产品，无需冷藏运输或销售，消费者也无需到超市冷藏柜去寻找它，这又减少了另一个购买阻碍。

　　至此，我们从众多创新方案中筛选出来的第一个创意产品——天天能量鲜，已然成形。"天天能量鲜"让使用普通狗粮饲养宠物的饲主也能初步领会到生鲜狗粮的好处，它是一种粉末状的营养添加剂，由被急冻干燥处理的生鲜狗粮研磨而成。宠物狗在"天天能量鲜"的诱惑面前将彻底失去理智，会一个个把自己的碗舔个底朝天。宠物主也会明显感受到爱犬在外观和行为上的不同。因此，普通狗粮的消费者开始对生鲜狗粮产生兴趣。至此，我们的目的达到了。

　　这是让消费者"跨出第一步"的良好开头，但还不能到此为止。生鲜营养添加剂的市场增长迅猛，但相比宠物食品市场规模依然较小。减少购买阻碍的策略让消费者顺利进入了转向生鲜狗粮的过渡期，但我们可不想仅仅以营养添加剂的身份在宠物食品市场的边缘小打小闹。我们的目标是占领宠物食品市场的核心。然而，前路依然障碍重重。

　　绕了一圈后，我们又回到了最初的策略上：由于生鲜狗粮与普通狗粮的差异性太大，我们要想办法拉近它和现有消费者行为的距离，而生鲜营养添加剂是转变消费者行为的第一步。接下来，我们还要改变宠物的进餐程序。

沉迷于创新时，人们往往容易对产品过分专注。即使是生鲜狗粮最忠诚的粉丝，也认为生肉容易把手弄脏。在项目的启动阶段，一些诸如恶心感的负面因素，让广大宠物享受不到生鲜狗粮为其健康带来的好处。我们对此哭笑不得。我们的绊脚石是，生鲜狗粮是一种冷冻的汉堡状馅饼，食用前需要解冻。解冻后这些馅饼就会变得黏糊糊，看上去确实有点恶心，更别提把它切碎放到宠物的碗里了。

我们遇到了一个挑战：如何设计一款宠物主可以全程不用手碰的生鲜狗粮？在一个气氛热烈的下午，我们讨论了十几种可能的方案。比如，如何把生鲜馅饼从冰箱转移到狗碗。我们想到了新颖的包装，比如将狗粮直接装在一次性碗里出售。这些点子都很有趣，但没有一个靠谱。最后还是马库斯一针见血："好吧，我觉得我们可以利用地球引力。"

马库斯的意思是，我们应该想办法增加生鲜狗粮的"可流动性"，这样喂宠物时，饲主只需把生鲜狗粮从包装里倒出即可。所以，我们要把生鲜狗粮切成小块，且保证它可以轻易从包装口流出。经过与天然百利生产团队数月的紧张合作，一款名为"满口鲜"的生鲜狗粮即将上市销售。

在生产工艺方面，我们只需对现有设备进行微调，保证它将食材研磨为粗颗粒而不是粉末。这样一来，给宠物喂普通狗粮和喂生鲜狗粮的方法就基本没什么区别了。我们又填平了一道横在消费者和生鲜狗粮之间的沟壑。此外，宠物狗也爱死了粗颗粒狗粮的咀嚼感。

就这样，在天然百利团队的合作下，我们一点一点地减少消费者购买生鲜狗粮时的阻碍。最后，我们终于在斯科特和里德要求的时限内完成了任务。同时，无论在市场影响力还是上市速度上，我们都达到了要求。

"天天能量鲜"和"满口鲜"对宠物食品市场造成的冲击不可谓不大。

天然百利的年营收增长率达到了30%。尽管绝大多数的高增长型企业，在扩大规模后都会先经历一个营收下滑的过程，但天然百利的新品上市后，其增长率却进一步飙升了35%。里德将其中一半的功劳算在与我们的创新合作上。天然百利赢得了宠物产业创新奖，并在突然之间就从主流宠物食品零售商那里获得了最大份额。宠物食品零售商都认为天然百利是宠物产业中最具前瞻性的企业。

迅速而便宜地失败

与我们合作的每一家公司都很看重速度。一家包装零售公司客户告诉我们，他运营一个多功能创新项目的总成本每年竟高达700万美元。这些成本包括聘用策略规划、产品研发、消费者研究、产品设计、工业生产、金融财务、市场营销等各方面专家以及寻求外部合作伙伴和外部调查的费用。虽然其他公司的创新项目的规模要小一些，但成本依然高得惊人。因此，压缩一款成功产品的研发时间，可以极大地提高投资回报率。任何行业都一样，尤其是如果你想要你的产品像生鲜狗粮那样"野蛮增长"的话。因为浪费的每一个月背后都蕴藏着昂贵的机会成本。

我们为什么能保持高效创新？这并非因为我们的理论模型能够神奇地缩短产品从研发到上市的时间，而是因为我们采用的创新方法都紧紧围绕着核心目标。

设计思维的正统学说认为，我们应该把时间全部花在消费者身上，在解决消费者方面问题前先不要被商业目标干扰。然而，这种观点会推迟产品的上市时间。因为按照这种观点推荐项目会发现，项目都进行一半了却还完全没有考虑商业上的需求。更糟糕的是，临时审查商业需求时，项目组往往会在消费者解决方案上返工，进行大幅修改。

也就是说，创新项目的商业问题，经常让创新者在消费者问题上耗费的心血付诸东流。

或许 10 次中有 1 次，你会受到命运的眷顾，——消费者解决方案的修改幅度很小，但剩下的那 9 次大幅度返工，绝大多数会像车祸现场一样惨烈。你最终会发现，对消费者最具诱惑力的点子，很可能是公司的一剂毒药。所以你必须抵制诱惑，全盘推倒，重新开始。这非常讽刺。

设计思维对创新界的一个重要贡献就是提出"迅速而便宜地失败"。这话一点没错。如果是做一个寿司，完美无缺当然是件好事。但在做创新时，就不应追求所谓的完美了。相比空洞的理论，我们从不断犯错中能够学到更多东西。但有一个错误是绝对不能犯的，即把商业需求放到创新项目的最后阶段考虑。如果你这样做，或许也能让产品"迅速失败"，但从商业上说，那一点儿也不"便宜"。

我们总在强调生命短暂。对我而言，创新实践的速度依然太慢。是的，世上确实存在让伟大的产品更快诞生的一些常识。比如，用两条腿跑，而不是一条腿。在和里德团队的合作过程中，我们 12 个月之内就将"天天能量鲜"摆上超市货架，18 个月内推出"满口鲜"。在食品行业，这个速度相当于火箭升空，并且我发誓，在整个过程中，我们没有为了加快进度而偷工减料。这一切，都是因为我们从第一天开始就从两方面着手创新工作。

第 7 章
做机会就在眼皮底下却没人做过的事情

"小宝贝波本"威士忌之所以用小瓶装,是因为生产者一开始没有足够的威士忌来装满大瓶再大面积发货。没想到,这种退而求其次的策略居然成了进入环境凌乱的零售店的免费入场券,并迅速吸引了消费者的注意——眼皮底下的创新带来了眼皮底下的生意。

通常,人们认为,石破天惊的创新大多诞生于初创公司的车库,而非任何产业领导者的会议室。所以,新兴产业的大中型公司,在准备与我们的合作前,都希望我们能帮助他们像初创公司那样搞创新。他们希望变得和其竞争对手一样,灵敏、勇敢、激进。

诚然,这些都是值得培养的特质。然而,我们忽略了那些势不可挡的初创公司的一个关键优势:灵活性。是的,能够杀出重围的初创公司都很灵敏;因为它们的规模很小,如果不以行动为导向就很容易夭折。然而,如果你仔细研究这些初创公司违背常理进行商业活动的原因,以及它们剑走偏锋时的感受,就会有意外的发现。真相是,这些初创公司并不认为自己特别激进,他们只是经常从事物的反面思考而已。那些对巨头公司而言很激进的点子,在初创公司眼中,却是解决商业问题和消费者问题时最明显的答案。

剔除先入为主的观念,你会在这些极具破坏力的方法的根源处,发现一个混合了汗水、愿景、专注和运气的点金术。从某种程度上说,是问题和挑战本身催生了创新。

运用"农民式逻辑"

如果把发明家的车库换成一个粮仓，它就是一家名叫泰熙堂酒庄（Tuthilltown）的酒业新贵。它的创办人是攀岩家拉尔夫·艾伦佐和工程师布莱恩·李。创始之初，他们根本没有烈酒行业的经验。一夜之间，泰熙堂从一家寂寂无名的小公司，变成了美国日渐繁荣、最具创造性和最成功的手工酿酒公司。

泰熙堂酒庄位于纽约州北部哈德逊山谷地区加德纳镇的一处小村庄里，其酿酒厂离沸点公司的曼哈顿岛办公室只有90分钟车程。然而，我感觉二者像是隔了整个世界：横跨一个苹果园、一条映着璀璨阳光的小溪、一座具有历史意义的17世纪的磨坊。泰熙堂酒庄的所在地和团队上下都充满了简单朴拙的实用主义风格。

尽管泰熙堂酒庄的设施和它的两位创始人一样朴实无华，但它确实在非常短的时间内成为美国手工酒领域备受赞扬的企业。自开张营业9年来，泰熙堂酒庄创造了一系列令人赞叹的产品和品牌，它开发出新的生产方法，获得过诸多行业奖项，登上了令人羡慕的新闻头条，并受到德高望重的苏格兰酿酒集团格兰父子洋酒公司（William Grant & Sons）的青睐，且双方展开了战略合作。它被《威士忌杂志》（*Whisky Magazine*）誉为"2011年度最佳手工酿酒厂"。然而，除了在酿酒厂增添并升级蒸馏设备外，两位创始人一直以他们最熟悉的方式开疆拓土：不断改写行业规则。

在早期，"改写行业规则"确实就是字面所表达的意思，而非一种比喻。拉尔夫花了几个月的时间在州立法机关的楼层里奔走，最终取得了纽约州自禁酒令时期以来第一个蒸馏威士忌的生产许可证。从此，他和他的团队就走上了逐条改写行业规则之路。泰熙堂酒庄打破行业范例的一系列创新，起到了四两拨千斤的效果：以其微小的规模，撬动了整个行业。它采用大酒厂都认为不靠谱的小型酒桶，以一种叫做"啄木鸟"的技术和酒桶生产商进行试验。泰熙堂酒庄在木桶板上巧妙地钻出蜂窝型小孔，以改变木桶的表面积与液体比例。泰熙堂酒庄戏剧性地加速了酿酒过程，还把威士忌从一种被称为"白特佳酒"的口感粗糙的清液，变成了一种口感细腻的黄金液体。

然而，创新还没有结束。泰熙堂酒庄不但没有对迷恋酿造年限的威士忌狂热爱好者隐藏其相对短暂的酿造时间，而且干脆把酿造年限明目张胆地写在了商标上。它推出过一种早熟而年轻的酒，名叫"小宝贝波本威士忌"。这种威士忌每瓶375毫升，售价45美元。而一般的威士忌则是每瓶750毫升，售价90美元。

这种小瓶装完全是泰熙堂酒庄自己的创意，而这一创意意外加速了小宝贝波本威士忌名声传播的速度。随着口碑日盛，这种小瓶高价酒招来一些穿着风衣、对优质威士忌有着相当品味的小偷的光顾。这让零售店老板们不得不把那些酒摆在视线所及之处，也就是曝光度最高的收银台旁边。

这使得小宝贝波本威士忌获得了比商店内其他高端威士忌更高的曝光度。于是，好奇的顾客就会随手拿起这些来自哈德逊的、结实的、带着蜡封、贴有手工编号的小酒瓶，读标签上的哈德逊故事，然后禁不住掏钱买一瓶试试。热衷派对的人也把这种酒当成主人慷慨的赠礼，喝完还不忘往家里拿。

于是，小宝贝波本威士忌实际上引领了一场高端产品永远无法企及的病毒式传播。随着行业新闻界更多的报道，小瓶装的另一个好处开始显现：当《纽约时报》《时代周刊》等十多家主流媒体，报道欣欣向荣的手工酒行业动向时，通常会配上一幅六七个酒瓶的特写照片，而小宝贝波本威士忌因为尺寸较小，永远被摆放在最前面。每位摄像师都知道，想要拍出一张漂亮的相片，就必须把个头小的东西摆放在前面。这让它在无形中占据了一个最好的广告位。

这里打破的不只一条行规。几乎每个著名的威士忌品牌，在最初的几十年，甚至是一个世纪的时间里，都只有一种配方。这样的是为了强化品牌，形成自己的品位和气质。只有到后期，酒庄才会考虑扩张产品线，推出配方相近的高档陈酿。

酒类行业的前辈建议泰熙堂酒庄遵循这一传统，只向市场推出一款产品。不过，拉尔夫和布莱恩全然无视忠告。泰熙堂酒庄一口气推出了5种威士忌：小宝贝波本威士忌、四谷波本威士忌、曼哈顿黑麦威士忌、单一麦芽威士忌和玉米威士忌。每种威士忌都有独特的配方、品质、生产方式和故事。这一策略让泰熙堂品牌在货架上更为醒目。每种酒都有独特的包装，这给网络博主们更多的发挥空间，也为手工酒行业探索者树立了一个令人叹服的榜样。

如果询问泰熙堂酒庄的创始人，这些离经叛道的商业创意是怎么来的，他们谦逊、自豪而直率的回答会给我们一些有趣而深刻的启发。

布莱恩的本行是工程师，曾参与全球最大的体育节目制作中心，ESPN制作工作室的设计。一次偶然的机会，他认识了拉尔夫。之后，布莱恩毅然投身烈酒行业。在谈起"加速陈酿过程"这个想法的来由时，他告诉我们："这并不是因为我们某天的突发奇想，认为加速陈酿威士忌很酷。事实上，我们只是想生产一种了不起的威士忌。但由于缺乏资金和时间，我们只能想办法缩短酿造过程。当你进入一个最新产品都过时了的行业，你必须做一些与众不同的事情。另外，如果你的酒庄有一个装满陈年佳酿的仓库，你也不用像我们一样琢磨怎样才能生产出高品质的威士忌。所以，实际上我们别无选择。"

拉尔夫与布莱恩正好互补。拉尔夫天生就有抓住公众眼球的天赋。他同样提起了当时的紧急情况，然而是从一个向外看的角度。"我知道，一旦我们成功地让纽约州的酿酒法稍微松动一下，整个手工酒行业就会发生连锁反应。就像我预测的那样，新的酿酒厂像雨后春笋一样冒出来。我们很高兴自己为同行争取到了这样的机会，但我们也不想错过属于自己大好时机。我们成立了纽约州自禁酒令颁布以来第一家合法的蒸馏威士忌酿酒厂。我完全不知道应该怎样加速威士忌的陈酿过程，但我们必须硬着头皮尝试。否则，大好时机就白白浪费了。"

小瓶装的策略也来自实用主义。布莱恩说："说老实话，之所以用小瓶装，是因为我们一开始没有足够的威士忌来装满大瓶再大面积发货。通常，零售商如果要买一箱威士忌，他肯定希望里面有12瓶。可如果我们每箱装12大瓶威士忌，存货量就不够。所以，我们只能说，好吧，小瓶也是一打。然后，我们意外发现，这种退而求其次的策略居然成了进入杂乱的零售店的入场券，因为它迅速吸引了消费者的注意。由于小瓶装受到很多人青睐，我们就把沿用了它。"

对于产品多样化策略的来由，拉尔夫说："那是几方面因素共同作用的结果。因素之一就是我们对自己在这个世界上的角色的看法。手工烈酒的精神全在'探索'。我们需要思考的是，保守的威士忌世界，'探索'代表着什么？从历史上看，威士忌拼的都是酿造年限与产地。在酿造年限上我们的威士忌肯定拼不过，而且产地也只是哈德逊山谷而已。所以，如果想要实现产品多样化，就必须想想其他法子。在造访了欧洲产格拉巴酒和白兰地酒庄后，我们产生了灵感。格拉巴酒和白兰地的酒庄同时生产十多种酒，但还没有任何一家威士忌生产商这样做过。

"另外一个原因是我们要遵守'本地生产'承诺。从泰熙堂酒庄开张第一天起，我们就说要帮助本地的农民。所以，我们没有先研制出一张配方，然后全国搜寻最便宜的原料。我们是从身边的农场取材，看他们的农场里都产些什么，然后再看能用什么原料酿酒。本地谷物种类丰富，这又激发了我们进一步的思考。综合这两方面因素，既要体现手工酒的'探索'精神，又要实践'本地来源'的承诺，最好的办法，就是用本地谷物来研发威士忌配方。"

面对艰巨任务时，产生这些创新灵感的秘诀又是什么？

作为一个既没有行业知识，也对行业历史毫无兴趣的创业公司，在成为一个充满灵感和想象力的公司前，泰熙堂酒庄之所以创意连连，完全是受资金匮乏和设施古老的形势所迫。泰熙堂酒庄面对的问题和其他威士忌企业完全不同。面对的问题不同，得出的答案当然也不同。

随着创新项目一个接一个成功，泰熙堂酒庄对未来的无限可能感到兴奋。但他们的创新都是针对问题认真思索的结果，而不是靠拍脑袋。

布莱恩强调说："看，我们的工作和灵光一闪的创意完全不是一码事。问题逼到你眼前了，你就得想办法用最少的步骤从A走到B。思考加速陈酿的问题时，直觉告诉我们，问题的关键就在于增加酒桶的内表面积。怎样才能实现这一点呢？要么在桶里加入额外的木板，要么在桶里钻洞。钻洞应该更好一点，因为木材不同层次的物质在碳化过程中会产生不同的糖分。于是我们说钻就钻。那么，你要怎样在不破坏木桶结构强度的情况下，在木桶板上钻出尽可能多的洞呢？我们得向蜜蜂学习，蜂窝状结构的木板可以兼顾表面积和强度的问题。接下来，你要怎样在木板上钻出蜂窝状的小孔呢？正好我们木桶生产商所在地的家具行业没落了，于是我们用很便宜的价格购买了几台电脑钻孔机。以上种种，不过是我所谓的'农民式逻辑'的产物。每个问题的答案都如此明显。于是你就这样一天一天、一步一步地前进了。"

在泰熙堂酒庄接下来的一次进攻中，这种发现眼皮底下的答案的能力将再次大放异彩。

发现眼皮底下的答案

2012年2月，一个明媚的早晨，拉尔夫和我踩着皑皑白雪，在酿酒厂附近散步。我们把布莱恩、酿酒师乔尔·埃尔德、拉尔夫的儿子加布及其儿媳凯茜召集起来，前往隔壁老农舍的客厅开会。我们用木柴生了火，穿着大衣，呵着寒气，讨论泰熙堂酒庄的下一个艰巨任务。

虽然哈德逊威士忌的品牌在市场上取得了成功，但这次会议的主题不仅是讨论如何进一步保证泰熙堂酒庄的利益，而且要想办法应对另一个实用主义需求。布莱恩阐述了眼前的难题："泰熙堂威士忌漂亮、好喝、前景光明，但就是太烧钱了。即使有了加速陈酿的过程，为保证成功，我们也不得不依靠库存应对未来一两年的市场需求和业务增长。我们发现，果酒有自己的忠实拥趸，有独特的魅力和更快速的资金流动。另外，因为果酒不是陈酿酒，所以生产出来之后就能直接出售。如果市场需求猛增，果酒酒庄也能马上做出反应。我们的生产线上已经有了伏特加，但是时候把目光投向杜松子酒了。"

所有创新任务，都从设定目标开始。或许这个目标只是写在纸上代表增长目标的数字，或一项技术，或提高股票的投资评级，或进入杜松子酒的细分市场。无论目标是什么，我们都会问自己这样一个问题：这是基于业务寻求新创意，还是基于创意寻找新生意？前者是指你有一笔现成的资金和一个完备的商业模型，但不知道怎么创造相应的市场；后者则反过来。或许，你的公司正在酝酿一个新奇的产品，但没有明确的产品分类、价值主张、商业模型或能让产品产生稳定收益的商业活动。

把杜松子酒添加到泰熙堂酒庄的产品组合，就是典型的基于业务寻求新创意。泰熙堂酒庄有现成的能力和渠道。我们的任务是找到一个能够点燃产品市场需求的创意。

带着强烈的行动欲望，泰熙堂团队花了数天时间确认自己的确要生产一种杜松子酒后，便开始研究各种草本香料的配方，并进行包装和品牌的初步构思。受到哈德逊峡谷历史的启发，他们把目光转向了探险家亨利·哈德逊的故事，最后落在了"半月"上。"半月"是哈德逊在探索以他的名字命名的哈德逊河流时乘坐的船的名字，泰熙堂酒庄决定把它用作杜松子酒的代号。

但在讨论眼前的商机时，我们意识到忽略了一件重要的事情。即泰熙堂酒庄面临着和所有杜松子酒生产商一样的问题：产品用什么样的草本香料？取什么名字？如何设计包装？泰熙堂酒庄在威士忌市场取得的成功，在很大程度上是因为他们生产时遇到的问题和其他生产商不同。我们必须为泰熙堂酒庄的杜松子酒也找到不同的问题。我们同意暂时中断会议，各自回去思考，看能否找到与其他杜松子酒厂商不同的问题。

第二周，我们再次碰头，地点换到了沸点公司的开放式会议室。双方所有项目成员围坐在会议室中央的桌子旁畅所欲言，气氛十分活跃。泰熙堂酒庄的人和我们的研发人员及设计师分享了各自的新想法。我们的目的是找到一些新问题以便得出新结论。

随着会议的进行，一些与众不同的问题浮出水面。

我们从消费者问题开始。首先，杜松子酒口感苦涩，劲头猛烈，酒精度高，味道辛辣，经常有一股刺鼻的杜松子味。很多消费者都喜欢杜松子酒的高雅，但又觉得它的味道实在太难喝。我们明确了自己的目标：把杜松子酒变得更适于饮用。（杜松子酒因为带有草药的苦涩味道，所以不是十分讨人喜欢。通常很少人喝纯杜松子酒，但它是调配鸡尾酒时唯一不可缺少的酒种。——译者注）

接下来，我们把目光转向销售渠道，即酒行和酒吧。我们的设计团队注意到，如果只把眼光局限在杜松子酒上，就会忽略很多重要的问题。但当我们扩大视野，把杜松子酒和其他酒放到一起考虑时，关键问题就自动浮现了：杜松子酒没能通过我们所谓的"10英尺测试"（10英尺约等于3米。——译者注）。在酒行和酒吧柜台后，其他酒都有着明显的特征，即使隔着10英尺，顾客也能清楚地认出它们。例如黑朗姆酒和特基拉酒，就和其他朗姆酒或其他产地的龙舌兰酒有颜色上的区别；波本威士忌和苏格兰威士忌，在品牌审美上有着符号学的区别；各种风味的伏特加的商标也能让顾客一下子看出它们味道上的不同。那么，如何创造出一种具有明显特征的杜松子酒？这是一个非常值得我们深思的问题。

杜松子酒没能通过"10英尺测试"确实十分不幸。有些杜松子酒的酒瓶或许比较漂亮，但除非尝一口，人们不可能知道它和其他杜松子酒有什么区别。这个问题，对我们的商业计划造成了负面影响：如果人们无法在10英尺之外把泰熙堂酒庄的杜松子酒和其他品牌的杜松子酒区分开来，那我们就只能依靠昂贵的采样试验来创造出味道上的差别了。无论从哪个方面看，这样的成本我们都承担不起。

接下来，我们关注的问题或许更有意思：如何创造出一种配得上泰熙堂酒庄的使命、价值观和声誉的杜松子酒？泰熙堂酒庄的使命是满足烈酒爱好者对探索的渴望，恪守本地生产的承诺，以及不把烈酒的传统当成枷锁，而是把它当成通往新可能的起点。泰熙堂酒庄的种种天性，给我们出了很多难题。所以，我们不可避免地开始了"破坏性"思考。

我们的最后一个问题是钱。从制造业的立场看，杜松子酒对现金流的要求比威士忌低得多，但我们没有几百万美元的市场营销费。为保证成功，我们必须想办法再次吸引网络博主和烈酒行业媒体为我们宣传。我们的杜松子酒必须具有值得一写的故事。想再次缔造传奇，我们的杜松子酒必须借助外界因素造势。

一系列问题渐渐得到答案。将这些答案集合起来，我们就得到了一个亟待解决的消费者和商业问题混合的"金钱与魔法"的结晶。

消费者问题：

◆ 杜松子酒很苦涩，难以下咽。
◆ 对手工烈酒的探险家而言，杜松子酒能提供的"险境"最多就是草本香料的不同，相比其他烈酒逊色不少。

商业问题：

◆ 创造消费者能在 10 英尺以外识别出产品的差异特征。
◆ 我们的创新必须伟大到值得网络博主奋笔疾书。
◆ 针对杜松子酒的创新要与泰熙堂酒庄的声誉相符。
◆ 如何把杜松子酒的传统当成跳板，而不是枷锁。

由于创新方案必须同时解决上述所有问题，我们进行了一番激烈的自由讨论。几个小时的会议就好像几分钟一样短暂。我们尝试在消费者问题和商业问题的交义点上寻找创新方案。每个问题都激起了我们对其他问题的连锁反应式思考：如何在销售情景中为产品创造出高识别度的商业考量，把我们引向了对顾客体验和可饮性的讨论；对其他酒的不同品类的讨论，如各种龙舌兰酒的讨论，把我们引向了到底是创造一种新的杜松子酒，还是干脆创造一种新酒的问题。

会议期间，拉尔夫分享了一点儿企业历史："你知道，我们在推出小宝贝波本威士忌的时候，大多数人马上会把'小宝贝'当成一种新的波本威士忌，而不是新的酒。以至于后来其他小型酒商也开始在他们的产品名字上用'小宝贝'这个词。"

把这一点和可饮性结合，加布提出了一个颇具挑战性的问题：如果我们创造出一种新的杜松子酒品类，取名"甘甜杜松子酒"呢？毕竟，如果你问任何一位酒吧侍者，他都会告诉你，所谓可饮性就是指酒味甘甜。会议室的热烈气氛持续升温。

至于本地生产原则，拉尔夫说，泰熙堂酒庄既然坐落于纽约最大的苹果种植区，我们或许可以尝试用苹果作为泰熙堂杜松子酒的原料。

我常把创新比作织布，先找到不同的线头，再把它们交错缠绕，最后纺成耐用、美观的面料。现在，我们的纺织就要开始了。我问拉尔夫，是否有人以苹果为原料酿造过杜松子酒。他回答说不太确定，但传统的杜松子酒酿造法通常是用谷物为原料，但那会酿出一种寡然无味的中性原浆，所以需要再添加类似杜松子的草本香料，赋予其特殊风味。

了不起的创新就要来了。我们花了一个小时讨论如何酿造一种更好的杜松子酒，但几乎没人提到草本香料的问题。这就是我们创新的起点。为了解决可饮性问题，一方面要考虑原料供应链，另一方面又要符合泰熙堂酒庄的价值观。于是，我们想到了对杜松子酒原浆进行创新，而不仅仅是往里面添加更多草本香料。杜松子酒诞生至今已有400年历史，但从来没有人想过以这种方式酿造它。通过改造中性原浆，我们创造出的将不仅是一种新的杜松子酒，还将打开了另外一扇门。这才是泰熙堂酒庄的一贯风格。

我们意识到，这不仅是一个产品创意，更是一个平台创意，后续将有无数创意在此基础上衍生出来。我们为这个战略平台取名为"开源杜松子酒"，并就这种甘甜杜松子酒的更多可能性进行发散性思考。不过，由于最后的消费者调查显示，甘甜杜松子酒的名字过于女性化，所以后来还是放弃了这个创意。

考虑到供应链中的本地农民，我们又有了一系列创意，比如"果园杜松子酒""丰收杜松子酒",甚至混有泥土芬芳的"金秋杜松子酒"。我们并不在意这些创意到底是什么,而是在测试这个平台创意是否站得稳脚跟。结果,它果然不负众望。

最后,我们回到了规则问题上。为保证我们的平台创意前后连贯、策略集中且对消费者、调酒师和零售商都具有一定意义,我们必须把这种酒的基本理念夯实,既能够确立这种杜松子在该品类的领导地位,又能尊重杜松子酒传统,和其他杜松子酒保持一致的调性。于是我们有了这样一个构想:用一种识别度高的谷物和一种水果混合蒸馏出原浆。我们可以用很多种谷物进行实验,但水果只用苹果一种,这样就遵循了本地生产原则,且为当地农民带来了经济效益。我们为最终的原浆配方付出了最大的努力,希望创造出一种口感顺滑、味道醇厚的杜松子酒。

拉尔夫又提出了一个猜想,并在后面得到了证实。他认为,原浆越精细复杂,草本香料就可以用得越少,从而可以绕开杜松子气味的强烈冲击,这样酒的味道也不再那么刺激了。本地谷物带给我们的灵感和本地苹果带给我们的优势,正好也让泰熙堂酒庄达到了一开始提出的目标:创造一种可饮性更高的杜松子酒。

我们最后瞄准的行业规则,有助于巩固我们的改革成果:泰熙堂杜松子酒最明显的品牌特色,在于其特殊的原浆结构,而非草本香料。

我们终于发现了眼皮底下的答案。杜松子酒自400年前诞生以来,都在遵循同一套规则:通过添加草本香料赋予寡然无味的谷物原浆以特殊风味。所以很明显,这种谷物原浆早就该被更新了。这是一次勇敢的尝试,且自从它进入我们的视野开始,我们就产生了一种"踏破铁鞋无觅处,得来全不费工夫"的恍然大悟感。这是我们一直在追寻的感觉。

接下来,我们需要一个好故事,它是把策略转变为需求的一大关键。沸点公司的团队把我们那天下午获得的一系列飞跃性成果"翻译"成了指导后续工作的战略，大意如下：

由于世上所有杜松子酒所敬畏的传统，杜松子酒最伟大的潜力受到了限制。因为400年来，它都以同样一种方法酿造：在一种寡然无味的谷物原浆中，添加草本香料以赋予其风味。100年前，伟大的探险家亨利·哈德逊曾乘坐"半月"号探索那条后来以他的名字命名的哈德逊河；今天，半月杜松子酒诞生，释放了杜松子酒被禁锢了400年的潜力。泰熙堂酒庄不仅在久经考验的草本香料萃取液上进行创新，更打破谷物原浆的边界，让原浆和草本香料相互渗透，释放出全新的味觉体验。

这种探索的结果，是一系列值得品味、探索和开拓的新品类降临于世。这趟旅程的起点是半月果园杜松子酒，其原浆是以哈德逊山谷的小麦和苹果为原料酿造，它们为这种杜松子酒带来了微妙而复杂的风味，同时冲淡了草本香料的浓郁气味，让半月果园杜松子酒的口感更为香醇顺滑。

在酿造团队实验各种原浆和草本香料搭配的同时，沸点公司的设计团队着手把半月金杜松子酒的理念融入全新的包装，推崇"开源"的理念，突显特殊原浆的主打地位。我们把传统杜松子酒瓶鲜艳的绿色、红色和蓝色换为质朴的金铜色，还在半月杜松子酒的酒瓶上绘制了一个现代人驾驶一艘古老船只的形象，用来比喻杜松子酒的航海传统以及亨利·哈德逊那艘"半月"号探险船，且为可能的进一步创新留下了发挥的空间。

半月杜松子酒自那个寒冷的二月清晨诞生以来，市场反响令人惊讶。

被原浆创新迷得神魂颠倒的网络博主在这种杜松子酒上市前就为其大唱赞歌。也就是说，大家对它的市场期待非常高。我们的创意点就在眼皮底下：这种产品已经停滞不前 400 年了。

与泰熙堂酒庄的其他创新一样，半月杜松子酒的诞生，是一家企业进入新市场，面临一系列与该领域其他厂商不同的商业和消费者问题的典型范例。

我们的创意，对当前杜松子酒市场的占领者具有相当的冲击力。但它只是从一系列带给我们新使命和新视角的独特的商业问题和消费者问题中产生的合乎逻辑的创新。

无论面临怎样的创新挑战，你都可以从寻找一系列与众不同的问题开始。如果你找到了与众不同的问题并解决了它们，就完成了走完创新旅程的一半了。

一大堆独特的问题，会催生出大量独特的答案。有一天，当你也发现了眼皮底下的答案时，你也能体验到那种平静的狂喜。当你寻找与众不同的问题时，一定要记住，一箭双雕式的思考，可以给你巨大的帮助。你的消费者所面临的问题很重要，但你的竞争对手也对消费者问题烂熟于心，所以熟知消费者痛点并不会让你获得与众不同的问题和答案。然而，当你打开第二个光圈，把消费者视角和商业透镜组合到一起，再综合考虑公司面临的挑战和约束，与众不同的问题就自动浮现了。

在很多案例中，你都可以发现，对你和竞争对手而言，相比消费者问题，你们面临的商业问题最有可能不同。或更进一步说，比起只考虑消费者需求，把商业需求和消费者需求组合到一起，更能让你发现独特的问题，从而激发你找到突破性创意。沸点公司的另一次经历可以为这个观点提供一个例证。

沸点公司成立之初，我们认识的每位创新工作者都在苦苦思索同一个问题：如何更高效地发掘消费者需求，并把它们当作点燃创新的火花？接着，我们又给自己提出了一个不同的问题：如何提高创新成功率？

我们很快发现，单方面围绕消费者需求开展创新项目的话，很容易在推向市场之前就夭折。"金钱与魔法"的理念，即综合商业能力和创意能力来解决商业需求和消费者需求，就是一个眼皮底下的答案。用布莱恩的话说，这就是农民式逻辑，即做那些机会就在眼皮底下却从未有人做过的事情。

第 8 章
要找到变革性答案,先提出变革性问题

酒店要留住高级客户,需要把问题从"他们为什么流失"变为"怎样与顾客建立真正的忠诚"。

银行要想吸引更多用户储蓄,只需要把问题由"如何对人们进行更好的理财教育"变成"如何让储蓄比消费更具竞争力"。

　　下面这个案例显示，新兴公司常常因为与市场领导者面临不同的消费者或商业问题，而产生一系列重要的创新解决方案。在市场领导者看来十分新奇的想法，在新兴公司眼中很可能是再正常不过的选择。

　　市场领导者面临的完全是另一种艰巨挑战。它们掌控着行业的关键技术，满足了现有市场需求，占据着行业领导地位。它们手握更多资源，拥有更强大的能力，具备更强竞争力。它们对行业的方方面面都了如指掌，然而有时也因此放不开手脚。在这个时代，市场领导者很难凭借经验来寻找创新机会，从而进一步巩固市场地位。从内部来看，它们要想方设法维持现有的商业模式；从外部来看，它们要应对行业竞争越来越激烈的趋势。

　　市场领导者应该怎样寻求能够为自己带来更多竞争优势的创新呢？它们首先要做的是找到变革性问题。以下是一个很好的例子。

寻求能够带来更多竞争优势的创新

　　我们接到了某世界顶级酒店集团打来的电话。那家酒店集团拥有优良的创新传统，业务市值数十亿美元，旗下拥有一系列鼎鼎大名的酒店品牌。但它们遇到了一个令人兴奋但多少又有点棘手的难题：针对酒店会员，重新实施顾客忠诚计划。

20世纪70年代末，世界上第一个顾客忠诚计划问世，至今已经40年。无论是旅游业、银行业还是餐饮业，各行各业都十分注重顾客忠诚计划。这种现象不难理解：让现有客户重复购买，比吸引新客户容易得多。

该酒店集团制定了一项起到商业支柱作用的忠诚计划。运用该计划，该酒店集团把旗下的所有资产和品牌整合起来，进行统一的顾客关系管理。

该忠诚计划在找到并解决消费者痛点的速度上完胜所有竞争对手。它进行了一次代价高昂的大胆赌博，然而该酒店公司赌赢了，从此在同行竞争中一骑绝尘，确立了自己行业领导者的地位。

由于深知过去的辉煌未必代表未来的成功，该酒店的领导者带着一种紧迫感开启了创新项目。他们一只眼眺望着眼前的道路，一只眼紧盯身后竞争者的追赶脚步。根据最近的追踪数据，他们发现，由于其他酒店纷纷效仿，该酒店集团和竞争对手之间的差距正在逐渐缩小。所以，我们合作的目标是，再次扩大该酒店集团在同行之间的领先优势。本质上，我们需要回答的问题是：接下来，该酒店集团还能为贵宾们提供怎样的独特待遇？

我们讨论了顾客忠诚计划的历史、现状和未来，用"金钱与魔法"模型从消费者和商业角度对其进行剖析。对于我们当前的处境，戴维有一个形象的比喻："从商业角度来看，这是一场典型的军备竞赛。为贵宾提供更优惠的服务，意味着提高接待普通客户的成本。想要在每间顶级客房的冰激凌上都抹上鱼子酱？没问题，但这需要昂贵的成本，无论是财务成本还是运营成本。而且，如果客人喜欢这个主意，竞争者就会跟风，所以即使在最好的情况下，我们也只是获得了一项短期优势。

"从消费者角度来看，这有点像一个政府津贴项目。一旦人们习惯了某项福利，就很难再把它撤销。我们的计划对客户和商业都非常有利，但这种竞赛迟早会达到收益递减的临界点。最终，你的投入只会徒增成本，而不会再创新的收益。我们需要找到新的角度，一方面吸引顾客，另一方面终止这场永无休止的竞赛游戏。"

着眼于顾客满意度，凭借一个非常复杂的数据系统，戴维及其团队开始应对眼前的挑战。这个数据系统能够让你彻底掌握酒店行业每一个顾客忠诚计划的所有底细。它们可以寻找消费者未来的消费需求，对各类型消费者进行细分研究，以及对公司利润进行支出分析。

项目的核心目标是"贵宾计划"中排名前2%的贵宾。这些顶级客人不止是某酒店的特殊群体，也是整个酒店行业都梦寐以求的客户群。他们是名副其实的"马路勇士"——为了工作而在全世界不停奔波；他们睡在旅途中的夜晚比睡在家里的夜晚还要多；他们考虑在哪儿过夜的时候，对价格因素最不敏感；他们兢兢业业地为公司四处开疆拓土，立下汗马功劳，自然也会向世界各大酒店寻求某种漂泊生活的补偿。因此，他们是所有旅游公司或酒店的抢夺对象。

由于长期召唤午夜客房服务，而且熟知前台服务员的名字，这些贵宾客人对酒店积分政策了如指掌。他们熟知各大酒店的客人奖励系统，经常用电子表格记录积分数并确定自己在多个酒店奖励系统中所处的位置；他们经常把年假安排在积分快满的时间段；他们根据自己在不同顾客奖励系统中的位置来选择航班和房间；他们会想办法在尽可能多的酒店奖励系统中以最便捷的方式得到最多积分；他们知道自己对那些酒店企业而言是非常重要的贵宾，从而可以获得完美的服务。一旦他们对服务不满意，他们会立即找酒店工作人员或客房经理反映，而且还会向自己的朋友抱怨。所以，如何让这群人保持愉快的心情，是一个微妙的心理游戏。酒店的目标是，以适当的力度，做得正好比他们的期望值略高一点。

乍一看，项目的核心问题似乎很简单："贵宾计划"需要为贵宾提供什么样的新待遇才能从酒店行业中脱颖而出？但这里有个问题：酒店行业中的所有企业都在思考同样的问题。这个问题，是整个酒店行业军备竞赛的基础。你往枕头里放一块巧克力？好，我们放 3 块。到最后，两败俱伤，甚至三败俱伤：在某些情况下，如果酒店提供了太多不必要的福利，只会让客人感到厌烦，或者认为这家酒店并不真正了解客人。所以，对整个酒店行业而言，大家都需要一种更好的竞争方式。

随着针对顾客和企业两方面工作的展开，从该酒店集团的一张数据分析图中，我们明白了为什么这一细分市场的竞争如此激烈：排名前 2% 的顶级客人为企业创造了 30% 的利润。这也解释了为什么整个酒店行业都为取悦这些客人而大力投资。其他数据也让我们感到很惊讶，例如顶级客人的流失率比想象中高得多。而且，他们并不是减少了入住频率，而是永远不再回来。每年，酒店都会流失他们中的大部分。由于该酒店集团的设施和"贵宾计划"都在行业中均处于领先地位，这一令人困惑的现象非常值得我们深入探索。

通过以上数据分析，我们了解了客人的行为以及这些行为在经济上对酒店的影响。随后，我们开始访问那些"马路勇士"，问他们为什么要那样做，并最终找到了能帮助我们指明创新方向的变革性问题。

为什么我们忙了这么久，目的却是在寻找一个问题，而不是寻找一个答案？因为在追求以业绩增长为目的的变革性创新时，有这样一个基本的事实：**一个创新方案能否获得一个变革性的答案，往往取决于它是否提出了一个变革性的问题。**

不同公司、不同行业甚至不同国家的创意先锋们都被同一个问题困扰：我们怎样才能得到颠覆整个行业的变革性答案？不过，这个问题问错了。变革性创新的关键，完全不在我们要寻找的答案身上。而寻找答案也是相对容易的工作。真正困难而重要的任务，就是我们之前提到的：寻找变革性问题。

一个关于竞争优势和视角的问题

为了占领市场，并找到创新的突破口，我们必须提出一些明确的、基本的新问题。有了这些问题，企业才有可能建立起巨大的竞争优势。

我并非在讨论可能性的问题，可能性问题要留到最后探讨。沸点公司苦苦求索的东西更基本，更具战略意义。这意味着，我们要问一些更有难度的问题，这些问题可能会与现实格格不入，可能会挑战相关行业、生意、行为、经验和公司的天性与认知底线。

根据我们的经验，变革性问题有着超级英雄般的强大力量。它们能颠覆整个沟通过程，无论是公司内部的沟通，还是和目标消费者的沟通。它们会为了真理而去挑战所有错误的假设。除此之外，它们最终还能让我们获得变革性答案，即创新突破口和随之而来的竞争优势。

假设你和你的竞争者在争取同一群消费者。在执行创新项目时，你聪明地把一群消费者召集起来，观察他们喜欢什么，讨厌什么，忍耐什么。你测试出了他们的需求和痛点，找到了他们未满足的期望，发现了产品缺陷。这些答案或许有用一时，但最终你会发现自己空欢喜一场。因为所有人都在围着同样的问题打转，大家都在无休止地追求边际改善。所以你只能依靠稍纵即逝的技术、设计或执行上的优势，而不是依靠可持续的、高度差异化的、灵活的、可以从战略和概念上催生市场的平台。

当然，为老问题找到新答案并不是一件坏事。而且用这种方法，你偶尔也会有重大发现。但针对相同问题找到的方法，如果能给公司带来增长的话，也只能来自执行层面，而不是战略层面。无数公司高管为此耗尽心血，彻夜难眠。

真正忠诚，而非利用

变革性问题之所以能够提高找到正确答案的概率，是因为它能引导我们找到所谓"问题背后的问题"，即它不仅让我们看到表面上创意项目需要应对的挑战，而且为我们挖掘出某个深层次的问题。通常，我们看到的表层问题，不过是深层次问题的表现而已。

比如说，一家饮料公司想要再次点燃年轻人对某种旧饮料的兴趣。在这个案例中，问题背后的问题是：强有力的技术平台瞄准的消费者仅是一个很小的社会群体。所以，想从根本上解决问题，就要扩大目标市场，把这种饮料推广给其他消费群体，从而制造更多增长机会。这样，当年轻人的偏好再次转变时，这家公司就不会被同样的问题困扰。

寻找问题背后的问题，需要一定的练习。不过，一旦解决这个问题，就可以一举两得：解决了大问题，小症问题自然会跟着消失。而且，相比表层的问题，问题背后的问题隐藏的机会也大得多。

在该酒店集团的创新项目中，我们研究顾客的目的是挖掘出具有变革性的问题。

和其他项目一样，我们不是围绕产品探索，而是看得更远一步，从某个更宏大、更深入、更基础的问题着手。为此，我们招募了该集团最忠诚的长期客人作为调查对象。接着，我们并没有着手"顾客忠诚计划"的研究，而是先研究顾客忠诚度本身。所谓忠诚，是一种交易关系之外的情感纽带，无论处于人生的巅峰还是低谷，彼此忠诚的人都会不离不弃地紧紧靠在一起。访谈是开放的、自由的,任由客人带领我们经历其人生中的忠诚时刻。比如,这种感情是怎么来的,它的出现伴随着怎样的规律,它在什么时候会经受考验,什么时候会加强等。我们的讨论涉及面很广,而且令人感动。我们谈到了对配偶和好友的忠诚,以及宠物对我们无条件的爱,甚至对当地干洗店或修鞋匠的忠诚。

在描述对酒店保持忠诚的原因时,客人把它描述为一种长期的、相互的关系,双方当事人的付出都加强了这种情感的纽带。他们认为,忠诚应该是无条件的,且这种关系只会越来越牢固,而不是时强时弱。他们还谈到,现代社会的忠诚越来越少,尤其是公司和职员之间的忠诚度,相比几十年前相去甚远。这让他们产生一种失落感。

完成这项基础工作后,我们将话题逐渐转移到他们所熟悉的"贵宾计划"上来。这时,他们纷纷打开钱包,抽出厚厚的积分卡,像打扑克牌一样亮在桌上。在亮出黄金卡和铂金卡时,人们会产生一种优越感。在多家酒店都拥有高积分的客人更是会毫不掩饰地炫耀,有时还会稍稍戏谑一下。一位集齐了多家酒店铂金会员卡的客人取笑其他人:"哎哟,没想到他们这么喜欢黄金会员卡。"

玩笑过后,这些"马路勇士"开始展示自己对"贵宾计划"忍者般的精明。在讨论人类忠诚和顾客忠诚时,我们注意到了客人的肢体语言有着明显的变化。从行为学和经济学的角度来看,有些客人完全称得上"最忠诚的客人",但他们的谈话中却充满了某种令人不快的情绪。很快,我们就找到表述这种完全出乎意料的情绪的准确语句:赤裸裸的鄙视。

一位四十来岁的销售员这样描述"贵宾计划":"看,说到底,我和各家酒店还有航空公司不过是在相互利用。我把公司的差旅费贡献给他们,他们则给我积分,让我有一天能够带着家人去一个美妙的地方度假。他们想榨干我身上的所有油水，我也想从他们那里得到我想要的一切。这就是所谓的'忠诚'。"

随着讨论的升温，之前大家谈论人类忠诚时的温暖氛围完全没了踪影。另一位客人插话说："去年，我获得了较大幅度的升职，成了公司的区域销售经理。这可是件大事。现在，我再也不用亲自打那些销售电话了，也不再那么频繁地出差了。对于我的升职，那些大酒店和航空公司竟然以取消我铂金会员资格的方式发来贺电。说到底，他们关心的只不过是客人口袋里的钱。"可以看出，顾客和酒店越来越针锋相对了。

随之而来的，还有另外一个现实。我们或许可以为客户创造新体验以发挥该公司的领先优势，却无法弥补这个看上去和"贵宾计划"的初衷完全背道而驰的鸿沟。如果客人本来就不喜欢某样东西，你拿出一个加强版又有什么用？是时候制定更高的目标了。

然而，我们还需要弄明白一件事。为什么"贵宾计划"里的高端客户流失率如此之高？为什么酒店的高级会员会突然从酒店的入住名单上永远销声匿迹？那名销售经理谈到的升职可以部分解释这一问题，但远远不够。我们回到受访者们一开始自豪地出示自己各种各样酒店高级会员卡的时刻，请他们谈谈随着酒店会员资格越来越高，他们的感受是什么，以及他们的旅途发生了什么样的变化。这种会员资格的变化往往意味着一些转折点，而在转折点上，我们或许会发现事情的本质和创新的机会。

许多"马路勇士"都描述了同样的故事。他们会员资格的变化并不是线性的，而是时而上升，时而下降。几乎所有人的会员资格都是先上升一些，然后再下降一点。头一年密集的出差让他们的会员资格蹭蹭上升，接下来一年又蹭蹭往下掉。

当被问到对会员资格上升时的感受时，每位客人都很激动："我感觉自己赢了。"那么，当会员资格往下掉时的感受呢？有的客人耸耸肩说，游戏规则就是这样，有的客人则表现出一种轻微的失望感和被抛弃感。"会员资格上升时，你会感觉自己真的是重要客户。但会员资格下降时，就好像酒店是个大老板，在惩罚你的错误行为，不管那是不是你的责任。"

对问题的深入了解就像积分一样越来越多，但我们依然无法解释高端客户神秘流失的现象。为什么最顶级的酒店铂金会员，会从每年的"贵宾计划"中消失呢？于是，我们问了这样的问题：第一次成为铂金会员时，你的感受是什么？"当然觉得很奇妙。这是旅行的终极成就。""这是最终的胜利。""就好像经历了那么多年的起起伏伏，你终于登上了珠穆朗玛峰之巅。"那么，你接下来怎么做的？部分人给出了我们期望的答案：依旧对那项"贵宾计划"保持积极性，以维持自己高级会员的地位。然而更多人则给出了其他答案。"看，一旦我成了铂金会员，就会把目光转向其他地方，住其他酒店，坐其他航空公司的飞机，那是我的新目标。"

这句话里隐藏了非常重要的信息。这种登山心理如此强烈，大多数新晋酒店铂金会员的做法和新西兰登山家、探险家埃德蒙·希拉里（Edmund Hillary）成功登顶珠峰后的做法一样：把新西兰的旗帜插在珠穆朗玛之巅后，希拉里眺望地平线，看到了自己尚未征服的世界第二高峰乔戈里峰，于是开始了新的征途。对很多高端客户而言，取得铂金会员资格以后，他们就会把目光转向其他尚未征服的酒店。这就是他们神秘消失的原因。

再次和戴维、克里斯及其团队重聚后，我们意识到，最有价值的调研发现，通常都出现在之前没有讨论过的范围里。从数据上看，我们研究的至少是酒店最忠诚的顾客群体。然而，他们在描述自己的感受时，却没有一个字和真正的"忠诚"有关。客人们把与酒店的关系看成一种基于自愿的、相互利用的交易。

皮特·毛利克抓起马克笔,在白色书写板上画了一条垂直线,把书写板一分为二,一边写着"人类忠诚",另一边则写着"贵宾计划"。我们开始列这两种忠诚的特征,最后发现,它们几乎没有任何相似之处:

- ◆ 人类忠诚是无条件的,顾客忠诚计划则完全是有条件的。
- ◆ 人类忠诚只会不断加深,而酒店有时会把顾客的忠诚一脚踢回起点。
- ◆ 人类忠诚是一种相互付出的感情,顾客忠诚则不是相互的,且是断断续续的。除非能从你身上得到好处,否则酒店绝不会给你任何好处。
- ◆ 人类忠诚的时间跨度往往是一辈子,顾客忠诚则以12个月为周期。

在这里,时间因素显得特别有趣。我们一直在寻找与众不同的改变。我观察到,如果保持所有条件不变,只改变酒店衡量不同层级会员价值时使用的时间框架,顾客忠诚计划就已经向人类忠诚迈进了一大步。大多数公司在维护客户关系时,关注的都是顾客终身价值,而非年度价值。

最初的顾客忠诚计划被创始者武断地设定为12个月的期限,以至于后来者纷纷效仿。突然之间,我们苦苦寻找的变革性问题出现了:

怎样才能使客人与酒店间的忠诚更接近人与人间忠诚?

变革性的问题找出后,我们的工作开始进入下一阶段:寻找创意和解决方案。我们不会为新的顾客奖励制度而苦思冥想。我们瞄准的是一个更高层次的问题：设法把顾客忠诚计划从"你利用我，我利用你"的泥潭中拯救出来。真正的"忠诚"，是一种自愿的互惠关系，需要双方长期不断付出。

在寻找变革性问题的答案时，我们想到了科林斯王西西弗斯的故事。这位希腊神话里的狡猾君王受到众神的惩罚，被判双目失明并永不停息地将一块大石推上山顶。每次当他用尽全力，眼看大石快要到顶时，石头就会从其手中滑脱滚下山去，于是他只好重新推上去。就这样，他干着永无止境的苦役。之前，为激发客人的忠诚度，酒店以年度入住天数为会员级别的衡量标准。它实际上是一种系统性的惩罚政策，它会一年一度地把自己的客人踢下山去，并要求他们重新爬上来。这相当于，酒店没有惩罚客人的"不忠诚"行为，而是惩罚客人减少入住次数的行为。随着时间推移，顾客忠诚计划就沦为永远有跌落风险的登山比赛。

有了"如何把顾客忠诚计划变得更具备人类忠诚的特征"这一变革性的问题，变革性的答案很快浮出水面：一项名为"终身贵宾计划"的，针对顶级客人的新顾客忠诚计划。"终身贵宾计划"于2012年正式推出，摆脱了传统顾客忠诚计划臭名昭著的"相互利用"特征，因此没有一名客人对这一计划流露出鄙夷之情。它是世界上第一个围绕顾客终身价值建立的奖励计划。抛弃过去判定会员资格的算法，"终身贵宾计划"和客人之间的互动更像是一对老朋友，无论时间过去多久，滴水之恩必定涌泉相报。

"终身贵宾计划"和其他酒店奖励机制不同。比如你曾于2007年在首尔住了6晚，随后你的孩子出生，这让你很长一段时间没有再旅行。即便如此，"终身贵宾计划"也不会一脚把你踢下山顶，清零你的入住记录。按照"终身贵宾计划"，只要你一生中入住酒店的时间达到一定标准，就可以永久性拥有酒店铂金会员资格。即便你因为工作变动或生活方式发生变化，而不再像以前那样频繁旅行，酒店也依然对你保持忠诚，保留你的会员资格及相应特权。同时，会员资格仍旧可以随着一生中入住次数的增加而照常升级，而永远不用担心降级。

这项伟大的创新，是我们团队在和高价值客户的交流碰撞中产生的。该酒店集团会在铂金客户新换的 VIP 卡上，详细列出其加入新顾客忠诚计划后，在全世界范围内都入住过自己的哪些酒店。这是挚友之间才有的默契。他们不仅展望未来，更会一起回顾曾经共度的美好时光。突然之间，忠诚不再意味着下一次的合作，而是共同庆祝过去、现在和未来，一辈子紧紧连在一起。

变革性问题提高了创新项目的赌注，"终身贵宾计划"非常漂亮地回答了那个变革性问题。

让储蓄比消费更具竞争力

有家银行希望我们能找到一种新方法，让人们存储更多的钱。储蓄变多，既能让银行获利，也能让储户在退休后过得更加舒适。基于最新研究，银行客户部门发现，他们最大的敌人是客户的无知。消费者根本不清楚，如果没有足够的存款将对自己的人生造成怎样的后果。简单地说，这一后果是无法安享退休生活，且可能无法保住自己的房屋。

快速了解银行业的情况后，我们发现，各银行已为此做出了最大的努力，如发行各种宣传小册子，在大厅安装智能交互设备，深入群众进行宣传，甚至展开教育性质的游戏。银行业内人士都对自己的客户群体进行了同样的对话，也造成了同样的问题，得到了同样的答案。虽然上述宣传手段的效果并不明显，但各银行除了加大执行力度，也别无他法。在我们看来，银行要做的第一件事就是寻找变革性问题。

我们的思考从这样一个问题开始：对人们进行更好的理财教育，是提升储蓄率的最佳办法吗？我们的思维没有局限于理财教育和人们的退休生活，而是扩散到了更广阔的领域。

我们采访了很多人，包括邮递员、快餐派送员、股票经纪人和家庭主妇，采访问题非常基本：你对自己每个月的存款状况满意吗？

有意思的是，无论我们问谁，无论他的社会阶层或理财能力如何，竟然没有一个人回答"满意"。这意味着，无论是守财奴还是败家子，消费者都想存更多钱，只是大多数人没能做到这一点。

当被问到为什么每个月不存更多的钱时，他们开始为自己找各种理由和借口，答案也变得模棱两可、五花八门。实际上，我们在采访中获得的最重要信息，恰恰是没有任何人提到的，即他们并不是故意不存钱。就这样，隐藏在问题背后的变革性问题，一下子全都浮出了水面。

过去数十年，由于消费主义的盛行，虽然人们也想存钱但最终存钱的行为被排到了各种购物计划的末尾。也就是说，储蓄在和消费竞争。众所周知，每次人们在储蓄和消费之间做选择时，都选择了后者。

这个简单明了的结论，蕴含着深刻的含义。它重新定义了我们面对的问题和应当努力的方向。问题从"如何对人们进行更好的理财教育"变成了"如何让储蓄比消费更具竞争力"。这种问题的转变，重塑了我们的思考过程。如果你开始将消费视如仇敌，就会产生另一种世界观。如果对储蓄和消费做一次经典的SWOT形势分析，列出它们各自的优势、劣势、机会和威胁，你会发现，储蓄在消费面前占不到任何便宜。花钱是一种冲动、有趣、即时满足的行为，且伴随着一种欺骗性的自由感、力量感和自我奖励感。而储蓄则是一种理性、严肃、正襟危坐、需要预先计划的行为，且大多数情况下，存钱就意味着说"不"。

冲向沙场前，举行动员仪式可以大大提升军队的战斗力。而导致胜利天平往消费倾斜的一个重要原因，就是储蓄没有属于自己的固定仪式。以前，也就是在工资自动存入银行账户之前，每两周我们都要走进公司财务室，向出纳员递上自己的工资支票，然后告诉他，给自己多少现金用于日常开销，剩下的存入银行。这样一来，我们自然而然会量入为出，进而每个月留有结余。现在，走进财务室的那个程序没有了，而我们也没有另设一个固定的时刻问问自己这个月要存多少钱。与此同时，花钱的誓师大会倒越来越多。几年前，街上的商店晚上到点就会打烊，所以下班后你不会想着要买东西到处花钱，而坐在沙发上看电视花不了多少钱。然后，网络商店诞生了，大街上也设满了 24 小时营业的自动取款机。凡此种种，都在召唤我们：尽情花钱吧。

怎样提高储蓄在消费面前的竞争力？这个变革性问题，只能由一个变革性答案来解决。不是想办法向人们一遍遍灌输理财知识，而是提出一种能够增加人们存款积极性的模型。我们要开发这样一个项目，能够让人们将存款变为一种冲动、有趣和即时满足的行为，且完美融入享乐主义社会的日常生活中。

为什么还需要视频墙幕呢？

在我们和三星的许多成功合作中，有一个案例可以充分体现变革性问题的威力。当时，我们在想办法让三星更深入地渗透市场，如价值数十亿美元的贸易展示市场、商品展览市场和零售环境设计市场。每年，在全世界各种大型展示会或行业展览中，大大小小的企业都试图用一种特别的方式展出自己的产品。同样，零售业每年花费数十亿美元来改善自己的店面环境，让商店更有活力、更新潮、更充满生气。在所有这些市场中，大型多屏幕视频墙都是一个非常吸引人的选择。

作为世界上最大的屏幕组件生产商，这种对视频墙市场的需求是三星的巨大商机。问题是，如何发明一种既适用于大型商展，又适合零售商店的视频墙。

我们的工作，从这样一个问题开始：如何让零售商店和商业展出的设计者意识到，为客户提供更强大的视频展示可以带来更多好处？这个问题本身并没错，但很可能三星所有的竞争者都在思考同样的问题，并尝试打开视频墙市场。所以，如果希望开拓一项高利润的新业务，我们需要找到独特的方法。

一天中午，在外出就餐时，我们对着纽约林立的摩天大楼陷入了沉思，我们在思考玻璃的属性。纽约四处都是玻璃大厦。玻璃当然不能拿来建造高楼，但它们看上去确实像是由玻璃建造的。我们没有继续思考视频墙的好处，而是思考玻璃的构造和结构特性。比如，就鱼缸而言，一块玻璃加上简单的支撑结构，就可以竖起一面玻璃墙。我们还思考视频墙的制作工序。首先，由一名建筑师或设计师来决定视频墙的尺寸和安装地点。这需要资金和时间。然后，雇用工人搭建框架。这又要付出人工和物料成本。

接下来，需要电工和视频技术员在框架中布置线路。这也需要资金和时间成本。框架里接通线路后，又要把工人请回来安装墙板。再接下来，需要油漆工在墙上进行修饰、粉刷和绘画。只有付出了以上所有的时间和资金成本后，视频墙才初具雏形。接着，视频技术员要把多块屏幕拼接到墙上，并为它们接好电源线和数据线。这些工作需要花费数天乃至数周时间，具体视各承包商的能力。每道工序都需要请来不同的专家，且花费几十万美元。

一旦视频墙建好，并且能够顺利运转，问题又来了。在零售店，一堵普通的墙可以用上好几年，但在商业展会里，它很可能只用了几天就要被拆掉。这使得给我们思考这个变革性问题：

> 既然玻璃的结构性质那么脆弱，而建一堵支撑墙需要花费大量的时间和资金，那我们为什么还要建视频墙呢？

这个问题激发了我们一个变革性方案的灵感，我们称之为"三星连锁屏"。三星连锁屏是一个类似乐高积木的多屏设备，可以让2个人在大约30分钟内组装出一个可拆卸的、结构独立的大型多屏视频墙，且各个屏幕之间的连接点既能提供结构上的支撑，又能提供电源支持，还能实现数据传输。特殊的产品设计，可以让这些屏幕矩阵产生不同的形状变化，甚至可以独立组装成一个多面视频建筑。由于不需要支持墙体，它节省了设计、搭建、布线、粉刷和美化的时间和数万美元资金。通过自带的视频管理软件，任何人都可以轻松实现对各块屏幕视频内容的自由控制，而不需要专门的视频技术人员支持。

另外，由于可以轻松地组装和拆卸，三星连锁屏在展会上用完后，可以拿到零售商店再次使用。即便在零售店里，三星连锁屏也可以在几分钟内移动到需要的地方。也就是说，使用这种视频墙的过程中，从头至尾都不需要大费周章地专门兴建一堵支撑墙。

三星决定从成本、时间、困难及缺乏弹性的工艺流程上切入，而不纠结于组件价格及屏幕规格。从此，三星连锁屏创造了一片全新天地，开拓了一片没有任何竞争者可以匹敌的高利润市场。这就是变革性问题带来的好处。三星连锁屏从研发到上市销售，前后总共只用了18个月。这种产品灵活便捷，把视频墙的优点发挥到极致，却把成本降到最低，使用效率提升到最高。

最近，沸点公司会见了麻省理工媒体实验室的人。他们请我们展示一些沸点公司的成功案例供他们参考。我们问他们应该从哪里开始，他们指了指大厅里的三星连锁屏墙。沸点公司的团队领导人说："好吧，你们要的案例就近在眼前。"事实证明，三星连锁屏非常受麻省理工媒体实验室的欢迎，他们每天都要使用它。我们从未想过它的灵活结构和相对低廉的价格可以让它在科研领域中发挥作用。但这就是变革性思考的威力——它能做到的，比你预计的还要多。

如何找到变革性问题及答案？

虽然每个项目背后的变革性问题和随之而来的变革性答案各不相同，但以下几条法则有助于你展开寻找变革性问题的工作。

假定变革性是必要的。 只有有意识地不懈寻找，才能发现变革性问题。所以，你最好一开始就认为变革性问题是必需的，而非可有可无。这样，你的团队在开会时，就会专注于"我们要改变什么"，而非"我们要不要改变些什么"。

适度轻视现实。 你需要清楚地意识到，诸如类别、客户体验、产品和商业正在以某种方式呈现，而不是非要以哪一种方式呈现。在大多数商业领域，你都能列出一个长长的清单，并发现很多隐藏的变革性问题。比如，在这个个性化时代，既然消费者的经济结构比较分散，那么为什么大多数固定抵押贷款还只有15年期和30年期两种？既然只有不到15%的人喜欢喝烈酒，那么为什么98%的烈酒厂商仍要游说剩下的85%的消费者？

临时忘记你所有的知识。 丰富的知识可以帮助你在很多竞争中脱颖而出，但有时对事情的固有认知也会成为限制你创新思维的牢笼。大多数时候，知识确实是力量，但如果把握不好分寸，知识也可以成为创新的阻力。

经常反问自己，你的竞争对手是不是和你思考着一样的问题。 想象你现在正和竞争对手的团队坐在他们的会议室里。他们也在努力解决和你一样的问题吗？如果是，你很可能还没找到能带领你找到变革性答案的变革性问题。当然，这样做的重点并非判断你的竞争对手在做什么，而是要确定自己找到了变革性问题。大思想家在发现大问题时，通常都知道自己做到了，所以会激动得难以自抑，那么，如果你感觉自己还没有发现新大陆，那你的感觉很可能是对的。

四处移动摄像机。寻找变革性问题通常需要我们把自己从每天熟悉的生活环境中抽离出来，用一种新的角度观察世界。这不仅是一个隐喻，你可以真的按照字面意思去做。比如，不要用消费者的眼睛去看冰激凌所在的商业领域，而是用冰淇淋的眼睛来看。你可以在冰柜玻璃后安装摄像头，观察在冰柜前来来往往的消费者，就好像自己是一个寻求领养的孤儿一样。这能让你获得一系列重大发现，开启你的变革性创新。如果这一招不奏效，你还可以观察工厂搅拌器里冰晶的生命周期，或问问冰淇淋勺对自己独特造型的感受。

留意人们没有提到的信息。不只公司会跟风，消费者也一样。他们往往习惯于接受一些自己根本没有仔细思考过的事情。想想你上班的时候，和同事聊过今天的地心引力吗？一名伟大的创新者需要在每一个触点上发问：我们居然没有听到人们提起某件事，这很有趣。我们没有听到一个人说自己是有意识地不存钱；我们没有听到一个人把顾客忠诚计划和真正的人类忠诚联系起来。在寻找变革性问题时，没有人提到的东西通常隐藏了最重要的信息。

第 9 章
逆袭，把缺点反转成优点

如果酷乐士生产的维他命瓶装水"只是一种基础元素"，为什么可口可乐会斥资 43 亿美元收购它？

　　变革性问题的最大作用，是帮你找到一条竞争者很少的路，提高你找到变革性答案的概率。在我们的实践过程中，部分变革性答案会以一种"战略逆袭"（Strategic Inversion）的形式出现，我们称之为"反转式答案"。但更多的情况下，它还拥有另外一个昵称：抹刀活儿（A Spatula Job）。

　　前不久，著名跨国汽车租赁公司安飞士（Avis）以5亿美元重金收购倡导"汽车共享"理念的美国最大网上租车公司齐普轿车租赁公司（Zipcar）。这样的经典案例在历史上出现过很多次：某天早晨，被一个野心勃勃的梦想家的电话吵醒后，某大型企业的CEO大笔一挥签了一张巨额支票买断了对方的技术，以保持住自己在行业的竞争力。与此类似的是，几年前，可口可乐也花了43亿美元买下酷乐士维他命水。这些案例背后的创新理念都值得我们好好研究。

　　反转式答案，能够为我们揭露公司或产品的某种重大缺陷，从而帮助我们的公司在竞争优势、商业模式和创新平台上打开突破口。运用"金钱与魔法"模型，我们可以从产品的市场定位找到反转式答案，也可以从公司的商业模式中寻找反转式答案，有时甚至可以同时从这两个方面下手。

齐普轿车租赁公司：与其忍受，不如删除

齐普轿车租赁公司案例的反转过程如下。除偶尔肮脏的车内烟灰缸，租车者会遇到的最糟糕的经历并不在于车或旅行本身。人们租车是为了旅行，但对于城市消费者而言，租车本身就是旅行之前的一趟坎坷之旅。租车需要预先计划，需要搭昂贵的计程车。另外，租车者必须要么拖着沉重的行李走进汽车租赁处；要么先把车开回家，然后小心翼翼地躲着巡查违章停车的交警，把行李搬上车。

在消费者的租车痛点背后，隐藏着一个巨大的租车公司商业痛点：劳动力和资本双密集型商业模式。租车公司需要租赁大型停车场，而在大多数情况下，停车场都处于租金昂贵的地段。一方面，租车公司需要为此支付昂贵的租金；另一方面，它还需要雇用一支规模庞大的员工队伍，把租车者需要的车开出来，或把租车者归还的车开回去。

现在，亮出抹刀，转动手腕，反转现实吧。

齐普轿车租赁公司的反转完成得十分漂亮。当其他租车巨头都把注意力放在如何让租车者的旅程变得惬意上时，齐普轿车租赁公司直接为租车者免去了旅行前的坎坷之旅。齐普轿车租赁公司采用付费会员制的商业模式，并按小时而非天数分级收费。是的，你会非常惊讶，人们竟然对传统租车公司的租车方法忍了那么久。

齐普轿车租赁公司的改革措施，不仅让自己与其他公司在租车方式上产生了差异，而且激励了新的消费行为。租车变得简单易行，租车者不再需要事先深思熟虑，他们能够在任何时候都可以来一场说走就走的自驾游。这在以前可不能轻易实现：你需要提前打电话给租车公司预订车辆。而按小时计费的收费方式，让那些需要用几个小时车，但犯不着租一天的顾客也加入租车队伍。付费会员制则能保证会员需要租车时，可以立即就近取车。这在以前根本是不可能的事情。

齐普轿车租赁公司的改革措施也消除了传统租车行业的商业痛点，节省了昂贵的停车场租金和车辆管理费。用先进的科技系统管理取代人工管理，是财务上的一次巨大胜利。另外，由于租车行业已高度成熟，主要城市的租车市场都已经被各大租车公司瓜分完毕，所以齐普轿车租赁公司的变革手段，很可能是新租车公司杀出重围的最佳办法。

由此，一步高招，同时解决消费者和商业问题。

把缺点当作卖点

尽管健康养生的风潮早已给瓶装水生意带来滚滚财源，但和其他饮料相比，瓶装水始终有致命的弱点：它是一匹没有特点的漂亮马驹。不同品牌的瓶装水只有两个差异：水源与包装。

维他命水的逆袭可谓壮观。这种饮料的发明人等于是说：好吧，既然水的缺点是它只是一种基础元素，那我们就拿它当作各种营养的基础好了。

把缺点当优点用，酷乐士公司把瓶装水重新打造为一种充满活力、愉悦、各种口味和颜色以及功能的新饮料。这样一来，酷乐士就在暗示消费者：水源地并不那么重要。既然没人知道，也没人在乎维他命水的水源地在哪，酷乐士就可以随处取水，从而击败那些千里迢迢从斐济群岛运水的瓶装水企业。这样做可以节约资源，减少碳排放，简直功德无量。维他命水还有一个其他品牌饮料都不具备的优势：对不同口味和养生风潮的巨大反应空间。当椰子汁流行时，维他命水就能加进椰子味；等到消费者厌倦椰子味了，维他命水也能立马掉头跟进。

最后，维他命水不仅是一种好玩又新鲜的瓶装水，还一跃成为当今饮料市场最有趣、最活力四射的饮料类别。这就是可口可乐会斥43亿美元的巨资收购酷乐士，把维他命水变成可口可乐旗下饮料的原因。电子商务诞生之初，世界上曾流行这样一种观点：对于某些类别的商品，人们只会到实体店去买，而不是进行网购。毕竟，网店里的商品，消费者注定只能看不能摸。

更糟糕的是，在服装类产品中，不合脚的鞋是人们最无法忍受的。在传统观点看来，不可当面试穿这一个缺点就足以让网络鞋店打入万劫不复的深渊。

然而，美捷步（Zappos）网络鞋店来了一次华丽的逆袭。美捷步把行业的商业痛点变成了特点。它没有想方设法回避自己的某些弱点，而是大方拥抱、展示、庆祝它。于是，有趣的事情发生了。大量消费者开始意识到，网上买鞋有很多好处：无数的选择，实惠的价格，而且可以在家里试穿。即便偶尔需要退换，也没什么大不了。毕竟，去商场买鞋要辛苦得多：把车开到市中心，艰难地挤过熙熙攘攘的人群，在鞋店四处寻找心仪的款式，面对服务员冷冰冰的面孔，且好不容易相中的款式又未必有适合的尺码。最后，消费者为了找一双合脚的鞋，把自己弄得筋疲力尽。所以，傻子才去实体店买鞋呢。

以下是其他公司的一些反转案例。

欧洲的品客薯片，也因为一个把弱点变优点的创新，出现了强劲的增长势头。品客薯片长期以来遭到竞争者的诋毁，说它的原料是用土豆泥，而不是土豆片。然而，糊状土豆泥有土豆片不具备的特点：充分吸收调料的味道。于是，在引入一种新技术后，品客薯片推出了一种叫做 Rice Infusions 的新薯片，并主打其独特风味，而这种独特风味正是受益于其独特的烹制方法。在制作过程中，这种薯片能把调料和土豆泥融为一体。你是想吃滋味在深层绽放的薯片，还是仅在上面撒了一些调料粉的？

苹果公司的逆袭赢得了全世界的顶礼膜拜。苹果公司在史蒂夫·乔布斯回归后取得的巨大成功，让人们忘记了在过去十年，作为一家电脑公司，苹果公司败仗连连、濒临破产的惨状。乔布斯回归之前，苹果公司之所以会那样，是因为苹果公司始终坚持100%掌控自家产品硬件和软件的所有环节。在电脑市场中，这几乎是一个致命的弱点。它会给公司造成奇高的成本，让公司无法及时应对日新月异的技术革新，并让公司与零售商和研发人员之间的关系紧张。

然而，当苹果公司基于自己的数字中心策略，把眼光放到电脑以外的市场时，逆袭的机会来了。苹果公司一直痴迷的软硬件整合，实际上拥有不朽的价值。虽然对电脑公司来说，同时抓紧软件和硬件是一个缺点，但在例如音乐播放器、智能手机、平板电脑等新兴市场，它可以让苹果公司打造出一系列浑然天成的产品。这些产品的用户体验前所未见，完胜所有竞争对手。

成功逆袭的几大法则

我们从中可以得到的启示是：只要方法巧妙得当，商品或企业的巨大缺陷和竞争劣势，也可以成为培育突破性创新的沃土，从而变劣势为优势。

握好抹刀，转动手腕，把现实翻转过来，见证奇迹诞生的时刻。

以下是一些有用的法则，可以帮助你的创新实现大逆转：

将劣势变为优势。如果只是稍微提升一下自己的强项，你最多也只能取悦少部分消费者。这不算坏事。但如果能将劣势反转，你就能创造巨大的差异化价值，并获得难以想象的竞争优势。

主动拿你的未来和现在竞争。很明显，一家新兴企业不会因为市场的剧烈变化而彻夜难眠，但如果你是现有市场的占领者，最好对此保持警惕。

学会后发制人，即便你是现有市场的占领者。问自己一个经典问题：如果我们今天才开始干这行，我们的做法会和现在有什么不同？

谨记大反转不是偶然事件，你必须主动寻找机会和方法。

别光盯着自己的核心竞争力，多关注一下自己的"核心缺点"。 核心竞争力的重要性不言而喻，你不可能忽略它。所有大规模公司都会本能地把自身最大的创新资源朝自己的优势领域倾斜。但是，如果你永远都不尝试在弱点上寻求突破，你就会错过机会。

你苦苦追寻的机会，或许就藏在最平凡无奇的地方。 实体鞋店的麻烦，矿泉水的寡淡，前往市中心租车的痛苦，都是很好的案例。或许你的公司里，就有很多这样隐藏在平凡事物中的机会等待你用抹刀去反转。虽然很多创新都是对表面现象不断深挖的产物，但我们经常可以发现一些完全不必深挖的伟大反转，你只需对表面事物"大做文章"即可。比如，水的自然属性几乎人尽皆知，以至于所有矿泉水公司都不会考虑把它当成一个可能的创新点。

第 10 章
可以喜新，不必厌旧

戴尔公司之所以能成长为价值百亿的 IT 巨头，都是因为它最初一个小小的变革：在电脑还没成型前就把它卖掉。这样一个改变，保证了产品的可定制化，不仅为戴尔节省了成本，提升了利润，更让它具备了强大的灵活应变能力。戴尔的这一优势，其他竞争对手花了 15 年才赶上。

查尔斯·伊姆斯和蕾·伊姆斯夫妇设计的胶合板休闲椅，并非只是名垂青史的艺术作品，更是长着四条腿的寓言。它激发了世人对弯曲性和韧性的研究；它让人们知道，实现一个需要依靠全新制造技术的创意究竟有多难；它让人们在创新中，重视自己的现有能力。

"世纪最佳设计"椅：宁弯不折

伊姆斯夫妇的伟大设计理念和现实世界之间，存在着一个巨大的制造业难题：如何把胶合板弯曲成完美契合人体曲线的三维立体有机造型？毕竟，胶合板一直以来就是硬线条、直线切割和方形造型的代名词。

然而，伊姆斯胶合板休闲椅（以下简称"伊姆斯椅"）线条优美，造型美观。坐上去的时候，你感觉它似乎和你的身体完全融为一体。它重新定义了椅子的舒适度，让你得到了彻底的放松。在它流畅造型的背后，是一段异常崎岖的诞生之旅，是整整 6 年的调整、重来、高潮、低谷、努力和磨难。

由于伊姆斯椅的特殊设计，胶合板需要以一种十分极端的方式弯曲。当时，包括伊姆斯夫妇在内，没人知道应该怎样做到这一点。它需要违背一两条法则，不仅是木质纤维的自然弹性法则，还有相关法律法规——由于胶合板弯曲成型设备一次又一次烧坏保险丝，工人不得不爬上电线杆接入额外电流。另外，伊姆斯夫妇不得不忍受胶合板一次又一次突然断裂的挫折。由于早期产品容易开裂，伊姆斯夫妇不得不在椅子上加装软垫，以掩盖可能很快出现的裂痕。不仅如此，产品项目背后的合作关系也很快破裂了，结构设计师埃罗·沙里宁在越来越多的产品问题压力下退出了项目组。这把50年后将被《时代》周刊誉为"世纪最佳设计"的椅子，在摇篮里奄奄一息。

然而，好运意外降临了，虽然伊姆斯椅依然命途多舛。促成胶合板弯曲成型技术飞跃的，并非孜孜不倦的发明家，而是"二战"期间越来越多的受伤士兵。军方注意到了伊姆斯夫妇在胶合板塑形方面的努力，于是向他们下了一张15万套的订单。国防部的紧急需求和巨额现金，让胶合板弯曲成型技术的研发进程像火箭一般大大提升。历经坎坷的伊姆斯椅，从濒临破产到风靡全球，最大的功劳不是美学设计，而是战时需求的介入和生而逢时。

随着设计变成一件件产品，伊姆斯夫妇针对早期伊姆斯椅的重大缺陷，放弃了用一整块胶合板制造一把体型椅的想法，而是改用多块胶合板设计。不再那么夸张的椅子曲线，配以环状橡胶扣组件，人们坐上去的时候，可以感觉到单块胶合板无法提供的弹性。从本质上说，他们调整了产品设计和产品制造方法，让二者彼此适应。唯有如此，他们才制造出具有划时代意义的椅子。

伊姆斯夫妇70年前面临的难题，是开发出一种新技术，将胶合板弯曲成型，并在那个漫长而痛苦的过程中保持前进动力。那么，今天的创新者们面临的问题又是什么呢？我们可以这样表述：如何巧妙

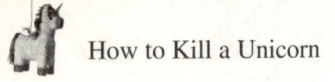

"弯曲"公司的现有能力,但不"折断"它?

在第四章中,我们探讨过如何在不对公司策略、运营、财务和资产造成过度破坏的情况下最大限度地破坏现有市场。问题的关键是,找到让能力和设备"弯曲"但不"折断"的点。不过,这一点说起来容易做起来难,值得我们进一步深入分析。

除了优雅的产品,伊姆斯夫妇也为我们留下了宝贵的精神遗产。他们那句充满禅意的"细节不细,细节成就设计"激励了一代代设计师深入产品或体验最微妙的层面。但从创新的角度来看,这句话有着极其重要的双重含义。第一层意思是,细节让产品变得卓然不群,细节里不仅隐藏了魔鬼,还隐藏着天使;第二层意思是,隐藏在制造方法、公司能力和设备中的看似无关紧要的细节,却决定着你的创意是能够成功上市,还是和那些有趣但无法实现的点子一起,堕入永不见天日的深渊。而第二层含义很容易被人忽略。

与其新挖多口井,不如深挖一口井

在深入探讨"弯曲"公司能力且不"折断"它的精细艺术前,我们很有必要先了解为什么在创新工作中,最大限度发挥公司的现有能力至关重要。

道理很简单。无论你是初露锋芒的女强人、大公司创意部门的负责人还是天使投资人,在创新领域的任何尝试都是一种投资。无论是灵感、汗水、热情、时间、毅力还是资金,你必须大量投入这些有价值的东西。

或许你是为了追求某种人生意义而做这些,你希冀付出能够获得合理的回报。对不同人而言,投资回报意味着不同的东西。有些人为了经济收益,有些人则为了看到创意变成现实,进而获得改变世界的满足感，即收获"想象力回报"。总之，这些人想要的一定是某种影响力。

无论你想要的投资回报是什么，请把这句话写在办公室的墙上吧：一鸟在手胜过十鸟在林。这句话的意思是，如果能够巧妙地运用现有能力，无论是你自己的能力，还是公司或供应商的能力，你就能极大提升创新项目的成功率。

这个世界确实需要更多像伊姆斯夫妇这样数年如一日、不知疲倦地为解决产品难题而呕心沥血的人。但请勿忘记，苹果公司的成功，也是因为他们把供应商的现有能力提升到极限，同时研发新工艺、制造史上最精细的组件并制定了全新的组装标准。

反过来，如果在不存在的技术和尚未具备的能力基础上创新，那么，除非你十分幸运，比如意外继承了一笔巨额遗产，或遇到一个并不指望依靠你的创新赚钱且具备超强耐心的项目投资者（比如谷歌），否则，这个创新项目很可能无法在你的有生之年成功。

如果你也是大多数创新团队中的一员，你的资源和时间都非常有限，那么，经验告诉我们，现有能力就是我们的一切。只有在强烈意愿和巨大压力的推动下，我们才能找到把现有能力发挥到极致的方法。

对于可行性极强且能够产生巨大回报的创意，我们倾注了大量的心血。沸点公司的合伙人马库斯·奥利弗把发挥企业现有能力，当成了义不容辞的个人使命。马库斯天生擅长观察事物的运转规律。一次偶然的参观经历，让他拥有了这种独特能力。这又是一个在平凡处获得重大发现的绝佳例子。他这样描述自己的发现：

"为了深入了解工作对象，每次接到新任务后，我们都会尽可能早地到工厂参观。创新界很多人都会这样做。那是一个早晨，我们穿着白外套和铁头工作靴，戴着黄色安全帽和护目镜，从某食品厂生产线的一台机器走向另一台机器。我们学习了这些机器的运作原理，并亲手操作，玩得很开心。然后，我问了一些蠢问题，比如'喂，那台机器看上去像是怀孕了的铝章鱼……它是干什么用的？'我们的向导哈哈大笑，立即回答我的问题：'噢，那是一种加热装置，用来解冻冷藏鱼，并把它们变成常温状态。这样，在加工过程中，各种材料的烹饪进度才能保持一致，这让最终成型的食品变得爽脆而美味。'

"有趣的事情在后面。我傻乎乎地问她：'那台机器还能干什么？'她似乎对我的问题有些意外，进而有些惭愧。想了一会儿，她回答说：'你知道，这些年我带过不少人参观工厂，包括公司高管、营销人员、供应商以及像你们这样的创新团队，但从来没人问过我这个问题。我问一下鲍勃吧，或许他能回答你的问题。'

"当时我并没有很在意那个插曲。接下来，我们又去了一家科技公司的工厂参观。参观流程大同小异：询问不同设备的作用，得到标准答案，接着问有没有其他作用，然后答案又是'哇，从来没人问过我这个问题'。那天晚上，在坐飞机回去的途中，我一直在想，这些愚蠢的问题背后，是否隐藏着什么重要的信息？或许，我们这些从事创新工作的人，经常会听到'从来没有人怎么怎么样'这种话。但直觉告诉我，我们发现了一个能大大提升创新项目成功率、却被大多数人忽视的诀窍。"

在好奇心的推动下，马库斯决定把这个发现运用到创新中。根据自己在工厂的特殊经历，他动手改造创新工作的流程。

现实是，无论在什么产业或公司，创新过程中都普遍存在这样一种趋势：创新团队很少甚至从来不去关注现有设备的可利用性。这种趋势导致了创新成功率的低下。因为这种不闻不问提高了创新执行过程中培养新能力、增加新设备、发明新方法的概率，增加了创新产品上市前的时间和资金投入，从而降低了项目的投资回报率。项目的投资回报率越低，就越可能在产品上市前被砍掉。

这些需要公司培养新能力的创新之所以反复出现，并不是因为它比那些基于公司现有能力的创新更能带来巨大商机,而是因为以消费者为中心的创新方法不断制造出这种创意点子。而充分利用公司现有能力制造商机的价值一直被严重低估。

诚然,一个健康成长的领域确实需要时不时研发新技术、培养新能力,为市场创造价值。有时,为了实现一些伟大的创意,公司依然必须引进新技术。但是,淘金者并不是每次都要开一个新矿井才能挖到更多黄金。一般情况下,他只需把眼前的矿井挖得更深一些即可。

有趣的是,每当我们问那些高管,为什么他们认为自家公司需要引进新技术和新设备时,他们总会谈到新技术和新设备在未来的巨大潜力。他们通常会说,这不仅能实现眼前的创新项目,还能够为未来的一系列商机铺平道路。与此形成鲜明对比的是,没人会如此看待公司的现有能力。

另一个有趣的现象是,研发部门和营销部门的才能和想象力也经常被低估。曾经,"创新"是研发部门的专用词。在把创新推向消费者的过程中,营销部门渐渐扮演了更重要的角色。也就是说,研发部门和营销部门是整个创新过程的中坚力量。然而,在以消费者为中心的创新模型中,创新者会过分沉浸到如何为消费者创造新价值的问题中,而忽略了新产品的制造问题。

在许多企业中,那些充满才华和想象力的研发者和营销人经常问自己3个问题:消费者喜欢这个创意,但我们能实现的吗?如果可以,多快能够实现?需要多少资金来实现?

我们发现,研发部在追求大、快且可行的创新时,最有价值的工作在流程之初,这和伊姆斯夫妇把他们的天才创意推向市场时做的事一样:协调创意和执行能力,让它们彼此适应。越早做这项工作,难度就越小;越了解相关行业的现有能力和潜力,创新项目最后就越有可能成功。创新者经常犯的一个错误是，在项目的最后阶段才发现需要公司具备某种目前还不具备的能力，而与那些仅需要充分利用现有能力的项目相比，这个项目的利润并不一定更高。

挖掘潜能的方法

在好奇心的驱使下，马库斯研究了如何通过充分利用组织现有能力，来提高创新项目成功率的问题。他得到了这样一条重要结论："在打算向消费者展示我们潜力的时候，才着手培养新能力，这不能不说是一种讽刺。而把创意与现有能力相结合，本身就是创意的一部分。因为就我们所知，没有任何人曾写下过相似的观点、方法或进行过类似研究。"为填补那个创新理论上的空白，马库斯研究了沸点公司接下来几年承接的所有项目，从中提炼出一些基本的原理和理论方法，并形成了一项知识产权。后来，这种做法成了沸点公司的绝招之一，为我们的客户带去了巨大价值。

经过多年钻研，马库斯提出了一套独特的观点和训练方法，并把这些知识精华写进《挖掘潜能的艺术》（*The Art of Flexing Capabilities*）一书中。以下是一些关键要点：

提升现有能力。挖掘潜能的第一步，就是透过事物表面，深入探测其本质，并用最简洁的方式，概括一项商业活动所需要的潜能、诀窍、设备和技术等。我们可以通过拆解公司现有业务范围内的能力进行思考。

在伊姆斯椅的案例中，扭转那些椅子命运的，是军方从一个完全不同的角度，发现了伊姆斯夫妇的能力。最重要的契机不是制造椅子，而是设计胶合板产品，因为伊姆斯夫妇可以利用他们的能力和资源来制造医用夹板。

与此类似，我们曾和一家世界领先的减肥公司合作。我们通过重新发掘其仓库货物分拣系统的价值，为该公司抓住了一个巨大的商机。

在生产过程中寻找能造成影响力的变革点。我们可以把生产过程当成对搜寻差异点的好时机，当那些差异点积少成多，我们就会获得完全不同的结果。戴尔公司之所以能成长为价值百亿的IT巨头，都是因为它最初一个小小的变革：在电脑还没成型时就把它卖掉。这样一个改变，保证了产品的可定制化，不仅为戴尔节省了成本，提升了利润，更让它具备了强大的灵活应变能力。戴尔公司的这一优势，其他竞争对手花了15年才赶上。

马库斯向沸点公司的每位客户都提出关于如何挖掘现有能力的建议。"大多数成熟工厂95%的生产线，要么非常难改造，或者即使改造，最终生产出来的产品也没有多大变化。

"然而，恰恰是那具备可塑性的宝贵的5%生产线，不仅可以改造，而且能够释放出巨大的能量。你需要深入观察，找到生产线或供应链上的每一个关键变革点，深入理解它是什么以及不是什么。找到这样一个魔力点之后，你只要在源头稍微作出一些改变，就能创造出完全不同的结果。关键在于，我们要介入项目的前端，问问自己，它可能发生变革的关键点在哪里。比如，产品的直径可以改变吗？高度呢？或两者都能改变？容差是多少？你可以添加、替换或删除什么成分、组件、材料、处理流程或交互功能？这样做，你能激发出什么样的潜能？寻找这些关键点需要下一番苦功夫，不过，一旦成功，你就能发现真正的宝藏。"

尽管我们把这一套知识总结为"工厂因素"，但它们也同样适用于服务业。当然，有的核心功能很难改变。例如，在一项成熟的零售商业活动中，改变销售终端机制就是几乎不可能完成的任务，因为它和财务、采购联系在一起。不过，难归难，我们还是可以有意识地寻找那具有可塑性的 5%，因为它很可能就在不远处。

不要只盯着机械设备，多留心人力和战略资产。创新团队很容易犯的一个错误，就是把企业的资产和能力等同于工厂、设备和商业系统。我们应该注意挖掘员工的潜能。我们可以首先从工厂内或公司内负责相应项目的人员开始，充分利用他们的丰富知识。

研发或营销部门的老员工，通常都具有丰富的经验。他们懂得的远比表现出来的要多得多。他们知道过去的某种生产方法，了解某个不起眼角落里的机器设备，同时可能对一种不常见的产品具有深刻印象。如果需要，他们可以随时启动机器，把那种产品生产出来。很多大公司曾专门为一个特殊的创意研发新技术，最终却发现那个创意行不通，最后不得不封存了那项新技术。但实际上，只要花点心思，说不定你就能从现有员工中找到懂得那项技术的人才。

像了解机器一样了解研发部人员的背景。通常他们都具有丰富的经验，掌握着重要信息，他们可以帮你解决问题。在开始创新项目前，先和生产线上的人喝杯咖啡。别直接问他某个设备是否有什么被遗忘的功能，而是问他：角落里那个蒙着灰尘的玩意儿是什么？他们的回答或许会让你感到惊奇，因为你经常会发现一些被闲置但实在了不起的设备，仅仅它们很可能仅仅是因为在错误的时间被用于错误的任务而导致被闲置至今。如果你期待超高的投资回报率，就去寻找那些已经购买，但由于种种原因被闲置的设备吧。你会发现，自己竟然找到了一台印钞机。

创新过程中别只想着新产品，多想想新的目标市场、机会和渠道。创新界存在一种普遍的错误观点，即创新就是创造出一种新产品。是的，新产品是创意工作的重要目标之一，但你也应该在寻找新的消费者群体、开辟渠道上倾注同样的精力。

这种理念的优点是，它不会强求提升现有生产能力。如果一个创意的最终产品形态和公司现有产品相契合，那么我们在执行创意的时候，就不必担心可行性问题。再次强调，我们的目的并不是要把目光仅仅局限在这些事项上，我是提醒读者不要忽略它们。

开启未来的钥匙或许就藏在过去。在经典电影《布莱恩的一生》（*Monty Python and the Holy Grail*）中有这样一幕：一个人驾着一辆马车经过一个被瘟疫肆虐的中世纪村庄。他像卖冰激凌的小伙子一样摇着铃铛，轻松愉快地大喊："把家里的尸体搬出来吧！"一名倒霉的村民被邻居扔上了马车。前者气恼地抗议："我还没死呢。"

"把家里的尸体搬出来"，成了我们探测一家公司现有能力是否具有可塑性的咒语。了解这家公司的生产历史，了解它曾经生产过或尝试过但没能成功的东西，有助于我们发掘一些隐藏较深的潜力。很多时候，一些很好的产品只是因为诞生时间不对而遭遇失败，但它们或许能适应今天的市场需求。还有一些产品，纯粹是因为当时执行不力而不小心搞砸了。我们最喜欢做的事情，就是请研发部门打开他们的壁橱。在那里，被其他创新团队忽略的东西，经常能点燃我们的巨大热情。有时候，你会听到他们说："这是我们见过的最棒的产品创意，可是营销部门对它完全不感冒！"

有一次，我们在一家大型饮料公司的实验室里，花了半天时间品尝该公司过去 10 年研发过但没有成规模生产上市的饮料。那些产品所代表的生产能力，是连他们顶级研发人员数年来都从未想到的。通常来说，90% 的产品死得毫不可惜，但从剩下 10% 的产品中，我们或许能发现某些适合今天新兴市场需求的东西。我们关注的并不是被淘汰的产品本身，而是它们所代表的生产能力。

人际关系也是一种生产力。今天，几乎所有企业的供应链和生产流程表上，都列着很长一串合作伙伴的名字。那些合作伙伴的生产能力，无论是供应商还是制造商，都具有和你的公司一样的潜力。花时间摸索他们能做到但没有做的事，寻找他们以前做过但现在不做的事。让他们"把家里的尸体搬出来"，说不定你能从中汲取更不少能量。

为建立"供应链创新"理念，宝洁公司付出了大量心血。很多公司都想模仿这一理念，模仿成功的公司确实挖到了金矿。在实践中，我们也从研发部门和营销部门的人身上，找到了同样的潜能。他们经常问供应链伙伴类似"你能生产这种东西吗？有多快？能生产多少？"的问题，而不是更有启发性的问题，比如："你们有什么现有产能没有利用到的地方吗？"换个问题，或许就能带来巨大的商机。

寻找并充分利用那些闲置产能。威·威利·基勒是棒球史上最大的击球手之一。有一次，别人问他的击球哲学是什么。他的著名回答流传至今：把球打到他们接不到的地方去。他的意思是，要瞄准空地击球。

在尝试充分利用公司现有产能时，调用那些已经满负荷的制造能力，并不能起到多大帮助。换句话说，如果你有一家工厂，且有闲置的产能，那么我一定能为你找到一个迫切希望利用那些闲置产能来实现某个创意的人。见多了这种情况之后，我们把它简单地总结为"充分利用半闲置的设备"。闲置的工厂在吞噬公司的利润，让优秀的人才处于失业的境地。如果你想获得无论是财富上还是精神上的高投资回报率，就去寻找那些闲置的产能吧。

创造事物间的新联系。不要只关注工厂、设备、技术和人员，还要关注可以获得的资本。关于这条法则，有一个有趣的案例，案例的主角是可口可乐公司。我们曾协助可口可乐公司研发出一种让我们感到自豪，并取得了惊人成功的产品，它叫植物环保瓶。植物环保瓶利用 PET 塑料新技术，瓶子三分之一的原料取自植物，而不是传统塑料瓶制造业使用的石油。

考虑到可口可乐的产品销量，这是一项有全球性意义的发明。与可口可乐团队合作的过程中,我们就如何才能让植物环保瓶发挥最大作用进行过激烈辩论。最终,我们意识到,不应该把植物环保瓶当作一项独立的发明,而应该在战略高度上,把它纳入可口可乐公司引领世界的环保计划。

20世纪60年代以来,可口可乐公司就在积极推动环保事业。20世纪90年代早期,可口可乐公司首次利用可回收材料生产出植物环保瓶。千禧年后,可口可乐公司继续努力支持环保事业,将大量资金投入公共宣传和基层活动,配合政府进行资源回收,大面积投放垃圾箱,保证回收材料的下游需求。另外,它还在全球可口可乐生产基地率先使用回收材料,同时和资源回收生态系统内的其他伙伴合作,共同推进全球环保事业。但最终决定资源回收对环境影响力的,是所有人的共同努力:把空瓶子投入资源回收系统。比如在美国,每4个可回收植物环保瓶中,只有1个会被消费者丢进资源回收系统。对于一家立志于推动资源回收事业的公司,这是一个非常令人沮丧的事实。

我们发现,利用植物环保瓶的双重影响,可以让可口可乐公司在减少产品包装的环境污染上取得最大成功,即一方面减少制造新塑料瓶的石油化工原料的用量,另一方面推动公众积极参与环保行动,更多地使用植物环保瓶,并回收更多的废弃瓶子。假以时日,这便能大大降低以石油化工为原料的塑料制品进入自然生态系统的数量。

植物环保瓶对环保事业的伟大创新在于,它让消费者共同参与进来。为实现这一愿景,我们团队中一名年轻设计师,设计了那个著名的植物塑料瓶标识:把一片绿叶嵌入传统的回收标识中。这一标识现在出现在了全世界所有的饮料瓶上。

迄今为止,可口可乐已在世界范围内卖出约200亿个植物环保瓶,大约减少使用了50万桶石油。可口可乐公司巧妙地把植物环保瓶技术,运用到自己的环保计划里,其影响力不可谓不大。这是一个把新事物和现有设备强强联合，从而造成双赢结局的绝佳范例。然而，这不过是这种方法所蕴含威力的冰山一角。

亨氏番茄酱也在使用植物环保瓶，瓶子底部印有可口可乐植物环保瓶标识。2013年11月，植物环保瓶走出饮料包装市场。可口可乐公司和福特汽车公司宣布合作，将植物环保瓶技术引入汽车纺织品。植物环保瓶技术的此次跨界飞跃，将通过制造环保汽车进一步减少石油在全球范围内的用量。

像天真无邪的孩子一样看待公司的现有能力。 世界上有一门学科叫做"现象学"，它倡导的理念是"回到事物本身"，即脱离世俗环境和思想偏见的影响，按照事物本真的样子看待事物。在研究公司的现有能力时，这种思维方式特别有效。不妨多问问自己，在一个初次接触某种产品的人眼里，它是什么样子的？

抓住竞争对手的弱点。 只要你在某些方面表现得比竞争对手优秀，那么即使你在这方面不是全世界最优秀的也没关系。不要孤立地看待你的现有能力，而是多观察竞争对手，然后再反躬自问现有能力在扩大自身优势方面将发挥怎样的作用。是的，我们要寻找自己最擅长的地方，但也不要忽略那些只要达到平均水平就能赢得市场的东西。

第 11 章
没有洞察力,棉花糖怎能擦出灵感火花?

猫砂产品性能提升空间有限,猫砂市场遇到了无法突破的玻璃天花板。切迟-杜威公司发明的艾禾美块状密封猫砂如何为一个看似创新停滞的市场带来了全新的产品?

为什么人们会觉得买饼干比买冰激凌方便?因为前者只需 4 个步骤,后者则需要 35 个步骤!所以,消除人们购买冰激凌时的种种障碍,是创新的关键。

洞察力是创新者最重要的工具。但由于大多人根本不知道洞察力到底是什么,不知道它到底在哪里,所以它总是被错用,威力自然也被大大削弱。在这一章,我们一起来探讨如何让你的洞察力发挥出最大威力。

让我们来澄清一些关于洞察力定义的误解,考察不同的洞察力和它们对创新的独特价值,从而为你提供一些新鲜的视角,帮你获得价值万金的洞察力。

洞察力新解

在一个几乎所有商业活动都已标准化,所有业务都已经设立标杆,所有商业因素都已得到深入分析的年代,那些规模庞大的商业活动,都是建立在价值昂贵的数据分析之上。对数据算法的无限追求,阉割了人类宝贵的直觉和本能。洞察力作为一项与生俱来的天赋,已经被肢解、捣碎、稀释,因过度荒废而退化。

今天,大大小小的公司都面临一个空前的增长性需求,而这种需求只能由变革性创新带来。洞察力则是坚硬的打火石,可以激发创新者最耀眼的灵感火花。但你无法用棉花糖敲出火花。今天，大多数被打上洞察力标签的东西，其实不过是一堆数据。

那么，我们应该如何消除这些迷雾，看清洞察力的真正面目呢？查看随手可得的微软电子词典，你会看到这样的词条解释：

洞察力（名词）：1. 感知力；2. 清晰的感觉；3. 自我意识；4. 能够分辨出虚假的幻觉。

很多研究人员会告诉你，洞察力就是开悟瞬间的那声"啊哈"。但这只是根据洞察力产生后的反应来描述它的表现形式，而不是其本身的特征。

韦氏词典给洞察力的定义则是"领会事物或现象内在本质的行为或结果"。这个定义把洞察力更多地视作一种能力，而非一种东西。

硅谷全球设计公司 IDEO 公司 CEO 蒂姆·布朗（Tim Brown）认为："目前，洞察力还没办法被准确收入词典，无法被量化甚至完全无法定义。所以，洞察力是设计工作中最难但也是最令人激动的部分。"

维基百科给洞察力列了一长串定义，具体如下：

◆ 洞察力是一条信息。（当然不止如此。）
◆ 一种反省。（有时候吧。）
◆ 对特殊情景中的特殊原因和后果的理解。（什么？）
◆ 理解事物内在本质的动作或结果。（这条有点儿靠谱了，但只是描述一种能力，而不是解释洞察力是什么。）
◆ 对原因和结果的理解，基于对一个模型、环境或事件中关系和行为的识别。参见"人工智能"词条。（什么？）

我们在承认洞察力非常重要的同时，怎么可以并不清楚它的本质？

实际上，所有这些关于洞察力定义的只言片语，都是在告诉我们：洞察力附体的一刹那，你自然会明白。正如美国最高法院法官波特·斯图尔特（Potter Stewart）被问到如何定义"淫秽"时，他著名的回答是："我看到就会知道。"

创新界欠这个世界一个更好的答案。

一个弗洛伊德主义的线索

对洞察力的最新见解，来自沸点公司的消费者研究主管芭芭拉·纽伦堡博士，她是一位训练有素的心理学家，拥有拨开重重迷雾、看透事物本质的过人天赋。她说："想知道真正具有洞察力的人是谁吗？是精神分析学家！他们就是靠自己的洞察力谋生。他们通过隐喻定义洞察力，用心灵的眼睛去看，去建立联系，并进行综合整理。一旦将所有关键因素汇聚到一起，他们对事物的见解便诞生了。一名精神分析师会对病人说'看！'，或者自言自语'有了！'。所谓'啊哈'，不过是诸多表达方式之一。是的，洞察力实际上是一个终点，是一次直觉的飞跃，一次信息的综合。但更重要的是，它也是一个起点，在心理治疗中有着至高无上的价值，因为它蕴藏着让人改变的潜能。"

很明显，"拥有改变事物的潜能"，是目前流行的洞察力冗长定义中所缺失的一环。然而，我的经验告诉我，它是伟大洞察力的最典型特征，尤其是那种能够启发变革性创新的洞察力。

我们之所以膜拜伟大的洞察力，是因为它拥有改变事物的潜能。它为我们打开通往可能性的大门，为我们开辟全新的道路。

围绕"拥有改变事物的潜能"这一核心观点，我们获得了洞察力的新定义。它被写在沸点公司办公室的墙上，时时提醒、鞭策我们为世界上最伟大的公司带去变革性的创新。在追求变革性创新时，洞察力是一条新的、具有说服力的、充满活力的真理。

当然，这个定义并不完美，但比之前我们见过的定义要好得多。它定义了我们正在追求的东西，并帮助我们从泥沙中淘出黄金。

> 洞察力（名词）：一条新鲜、有效且鼓舞人心的真理。

在追求变革性创新的过程中，洞察力可以是一个关于人类体验、渴望、压力或未满足需求的真理，也可以是关于商业、产品类别、战略野心或蕴藏巨大利润的新产品的真理。

洞察力必须是"新"发现的真理，如果之前曾听说过，那么它可能只是人人都知道的常识，而非真正的、深刻的洞察力。洞察力具有这样一种竞争优势，即它让我们发现了竞争对手没有发现的事情。已存在的真理并非一无是处，但它们是摆在桌面上的，所有人都看得到，无法让你获得竞争优势。新答案源于新观点，新观点需要我们深入理解某件事物，或在原本不相关的事物之间建立新联系。

为什么要"有效"呢？因为很多关于人生或商业的所谓真理，不过是一条有趣的死胡同。人眼能分辨出一百万种颜色也是一条真理，但这条真理无法帮助你进行任何创新。所以它只是一条信息，不是洞察力。为获得我们所需要的灵感火花，洞察力必须蕴含丰富的商机，能够为我们带来变革和新的可能性。那种能量，往往产生自尚未解决的冲突。它是物理学家、工程师和建筑师所专注的拉伸强度。在创新实践中，伟大的洞察力是高拉伸强度的跳板。只要你想象力的分量足够重，它就能把你弹上新的高度。

"鼓舞人心"又是什么意思呢？我的意思是，我们（创新者、产品制造者）的反应其实无关紧要。洞察力应该能够激发接触过它的人（消费者）的想法，并影响其行为。忘掉车库里孤独的发明家吧，创新应

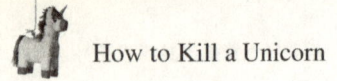

是一项团体运动。创新团队会由于伟大洞察力带来的新可能性，像通了电一般激动。

倾听无声的呐喊

之前我说过，创新者应该倾听的最强音，应该是没被人说过的那句话。这句未说出口的话，是洞察力无声的呐喊。它不仅是一声沉默的呐喊，更是我们为了理想必须逾越的屏障。这道屏障后隐藏了一整片森林，而这片被忽视的森林，正是变革性创新的关键。

变革性创新比延续性创新困难得多。它意味着商业上更大的机会、改变和挑战。上文提到，当我们谈起洞察力时，往往是指对消费者的洞察力——那确实有重大作用。不过，仅有市场洞察力，仅了解消费者，并不足以保证创意在商业领域的成功。

对消费者的洞察力能够一针见血地指出用户体验中存在的问题，而商业洞察力则能够一语道破当前商业模式中隐藏的症结，比如妨碍公司获取更大利润的隐性障碍、陈旧的零售模式、断裂的产品线、呼之欲出的新技术、商业模式中某些不可持续的因素。对消费者的洞察力告诉了我们消费者的呼声，商业洞察力则指导我们执行创意。最重要的是，它将最终创新方案的利润最大化。

切迟-杜威：消费者洞察力与商业洞察力的结合

为了释放洞察力的全部潜力，所有变革性创新项目需要在一开始就同时针对消费者的洞察力和商业洞察力进行设计。

但是，商业洞察力是什么？它扮演着什么样的角色？在最近我们和美国中型快消品巨头切迟-杜威（Church & Dwight）公司的合作案例，能够充分体现商业洞察力的巨大威力。

切迟-杜威是一家活力四射的公司，在过去20多年中，其业绩比更大型的快消品企业都优秀。在过去10年中，有7年其股价年增长至少14%，其中5年的年增长更达到了24%～33%。这是一个非常优秀的成绩。

切迟-杜威最著名的产品，是把艾禾美小苏打从一种面包原料变成了一种众多商品的重要原料，包括牙膏、体香剂、洗衣粉、空气清新剂等。切迟-杜威的成功，很大程度上是由于它把战略目标集中于小型市场。在小型市场，切迟-杜威能游刃有余地经营，并从外部引进技术，而不需要对研发部门投入太多，同时还能通过巧妙的并购、营销和创新打造自己的品牌。

沸点公司大多数项目组的业务，都是一些比较炫目的商业活动，例如古驰（Gucci）的高端珠宝业务或某大型科技公司的高端硬件业务。而在切迟-杜威项目组的目标市场中，所有商品都以小苏打为原料，并同时起到清洁、保鲜的作用。凭借一系列创新工作，艾禾美下苏打在价值20亿美元的猫砂市场获得了第三位的排名。我们的工作就是，想办法进一步扩大它在猫砂市场的份额。

沸点公司的"魔法"组负责研究美国4 000万爱猫家庭的态度、行为和情绪；"金钱"组的商业战略家们则深入公司商业层面，从公司财务、运营、能力、分配制度等方面寻找能带来变革性创新的关键因素。

通过深入探索养猫人的动机、情感，我们发现，养猫人的一个压力来源与养猫本身无关，而是源自社会层面：他们对门铃声感到焦虑，害怕到访的客人会皱皱鼻子，说："噢，原来你养了一只猫。"尽管客人可能根本没看到那只猫。

据调查，业内尚未有人实现"满室清新"。我们本能地意识到这是一个重要的突破点，但一时尚未找到具体方法。一如往常地，我们要把对消费者的洞察力和商业洞察力结合起来。

在寻找商业洞察力的过程中，我们获得了许多基于商业不同维度的不同的、看似无关联的发现。例如，我们对运营的洞察力，可能和价格、配送、技术或产品性能方面的洞察力没有什么关联。但随着"金钱"组的深挖，一些反常的东西出现了。

切迟－杜威的几乎所有业务，都和一种原材料的不同功能有关。这种原材料就是一种特殊的天然黏土基质。过去10年，它成了市面上各种主流猫砂品牌的主要活性成分，蕴含着巨大的价值。不过，随着这种原材料的普及，产品的差异性也在大大缩小，产品价值丧失了提升的空间。

布莱恩·哈平是切迟－杜威的全球产品主管。他说："猫砂制造技术的研究由来已久，所有能够改进的地方都已得到改进。我们在产品性能提升方面遇到了无法突破的玻璃天花板。消费者的期望已经被固定了下来，再三炒作的创新事件通常都是雷声大雨点小，远没达到人们的期望。所以，超过半数的消费者认为，猫砂的产品性能已经达到了极限。这导致消费者自行采取各种方法来弥补这种产品的缺陷。而作为一种价格变动范围较小的产品，猫砂在性能上遭遇瓶颈，也意味着价格不可能有大的浮动。"

一如既往地，我们将这种商业洞察力和对消费者的洞察力相结合，开启了下面的创新工作：除非突破这种黏土基质的性能局限，否则猫砂产品不可能实现产品差异性、消费者满意度和定价上的飞跃。

换言之，即便能够从字面上清晰地提出"满室清新"的新概念，我们也需要一种技术上的飞跃，来突破猫砂性能的瓶颈，释放产品的无限潜力。

然而，实现这一点并不容易。一方面，消费者对猫砂产品的缺陷感到失望；另一方面，我们不能突然之间改变猫砂为消费者喜爱的优点，即那种特殊黏土的凝结效果。因此，我们要瞄准更高目标，才能突破瓶颈。

"金钱"组拿出一张美国地图，把一只咖啡杯倒扣过来，沿着杯沿画出全国6个加工厂周围50英里（1英里=1.61公里）的范围。通过和切迟-杜威研发部门的人合作，我们开始实验每个加工厂方圆50英里内可获取的每一种可能的替换原料。几个月后，我们的搜索范围扩展到了全球。布莱恩和研发团队、采购团队访遍了全世界的专家，只为寻找那种未来猫砂的新原料，同时寻找一种替代或强化现用猫砂功能的方法。

以"满室清新"为消费者层面的价值定位，我们测试了超过100种新技术，苦寻可以骗过来访客人鼻子的良方。很多时候，所谓创造力，就是把之前毫不相干的事物联系起来。同样，在这个案例中，我们要做的就是匹配工作，即把一种技术和我们希望满足的消费者需求相结合。

以商业洞察力为内在动力，无论是寻找新的差异点，提高客户满意度，还是进行新的定价，一切关于业绩增长的东西，都根据我们能否突破性能瓶颈而定。幸运的是，在这场搜寻活动中，我们最终挖到了黄金。

这次重大的飞跃来自两个方面。首先，全球搜索活动让我们发现了一种此前从未被用于猫砂领域的新原料，遇水后这种新原料会发生封闭效应；其次，研发团队发明了一种提炼黏土的新方法，制造出一种无缝密封剂。

新产品——艾禾美块状密封猫砂的测试版得到了消费者异常强烈的反响，以至于公司领导层不断催促创新团队加速研发进程，并提供全力支持。在定量研究中，新产品取得了公司10年来最高的测试成绩。结合技术上的飞跃和"7日清新保证"，我们为一个看似创新停滞的市场带来了全新的产品。一时之间，大部分养猫人忽然觉得自家的门铃声比以前美妙多了。与此同时，切迟-杜威及其零售商的收款机也兴奋地响个不停。

自2013年艾禾美块状密封猫砂上市后，猫砂市场发生了天翻地覆的变化。在以前，受限于猫砂价格浮动较小的原因，消费者根本不会为那些名不副实的炒作新品买单，而艾禾美块状密封猫砂凭借自己巨大的性能飞跃，产生了30%的溢价，跃上了该品类的价格新台阶。尽管它的价格相对昂贵，销售却异常火爆。短短数月，艾禾美块状密封猫砂的收益都居于同类产品前三名，排名品牌价值榜第二位，6个月时间内市场占有率迅速攀升至60%。这就是对消费者的洞察力和商业洞察力相互碰撞的结果。对切迟－杜威而言，这一创新为其下一阶段的成功打下了坚实基础，让它获得了行业主宰权。

洞察力的14种类型

除了关于洞察力的众多歧义，以及一提起它就立即想到对消费者的洞察力外，人们对洞察力还有一个误解，那就是喜欢把对某方面的洞察力当作真正的洞察力。

根据之前的经验，即便与我们合作的公司了解我们关于洞察力的真正定义，了解在过去几年中，这种珍贵的洞察力启发我们成功创新，但仍然对洞察力持有偏见，只承认某方面的洞察力而不愿意寻找真正的洞察力。

一些公司认为，如果一名创新者不仔细研究某一份消费者调查报告中的结论，那么他的观点就算不上具有洞察力。我们则认为，洞察力是人类脑神经系统工作的结果，它揭示出更深层的、以前未被发现的真相。有时，它确实隐藏在研究工作中，但通常情况下，它也可以在沉思中产生。一些公司只愿意接受那些能够解决单个问题或矛盾的洞察力；而另一些公司则认为，如果不包含情感，那就不是洞察力。诚然，这些观点都没错，但毕竟帮助有限。

在一系列伟大的创新项目中，我们发现过非常多类型的洞察力。

于是，我们总结出 14 种类型的洞察力，其中 7 种针对消费者，另外 7 种针对企业（商业洞察力）。世界上当然不止这 14 种洞察力，但我们的目的并不是用一个更大的牢笼来取代那些过分狭窄的定义。我们希望这些总结能够帮助你在创新过程中取得一些进展（见图 11.1）：

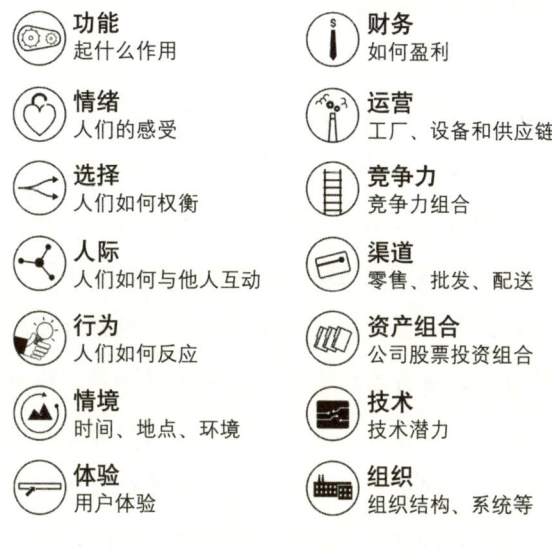

图 11.1　创新过程中的 14 种洞察力

无论面对任何创新挑战，尽职调查的责任心都很重要。如果你没在上述领域仔细寻找，或许你就会错失大好机会。当然，很多洞察力可能综合好几种类型，比如一位妈妈谈起自己多么希望为孩子开启一段美好的人生，那么这句话同时涉及人际关系和焦虑情绪，但无论如何，你都会从中得到启发。请记住，既定方法论会给你带来既定的几种洞察力。例如，消费心理学可能会告诉你，具有柔软握柄的牙刷更适合小朋友，但它无法告诉你如何说服零售商把你的商品摆在最显眼的货架上。

培养洞察力的几种方法

要塑造颇具洞察力的大脑,首先从发现自己是哪种类型的洞察力发现者开始。多年来,我们发现,伟大的洞察力发现者总共有三种类型:侦探型、内省型和移情型。无论哪种类型,都拥有惊人的洞察力,但所采取的方法却各不相同。

侦探型:侦探型的洞察力发现者喜欢观察和采访。他们会问100个问题,并从中寻找线索。侦探型的洞察力发现者以大量的外部研究为发掘工具。那种喜欢说"问题的答案在人群中,不在办公室里"的人,很可能是侦探型洞察力发现者。

内省型:内省型的洞察力发现者会在观察外界之前先本能地观察自己,从自己的生活经验中寻找洞察。他会根据不同的工作内容,评估自己在相应情景下的行为、反应和内在动机。内省型的洞察力发现者通过高水平的自省能力探索更丰富、更微妙的情感道路,而不是像研究员一样通过采访。他们形成洞察力的过程就是相当于推断事物发展的过程,他们把自己的个人经验投射到外界,从身边的世界筛选出具有代表性的东西,然后排除那些特殊的或纯粹个人的东西。通常情况下,他们会通过外部调查来证实自己的预感或直觉。

研究人员倾向于机敏地把个人经验和感觉当成灵感火花。灵感火花只是创新的开端,所以你必须尝试各种方法来获取灵感。记得有一次,我接手了一个冰激凌商业的挑战性项目。一天傍晚,我和家人在晚饭后散步,儿子雅各布问他能不能吃个冰激凌。我想都没想就回绝了,并开始将他的兴趣引向饼干,因为买饼干更方便。当时,我心中有个疑问:作为一名带着孩子散步的父亲，我为什么会觉得买饼干比买冰激凌方便？第二天，我花了一上午研究这个问题。我把自己所能想到的所有理由都列了出来。最后，我被自己的发现震惊了。从产生"我想吃冰激凌"的想法，到把冰激凌真正塞进嘴里，精确地说，要经历35个步骤，而吃一块饼干则只需4个步骤。所以，消除人们购买冰激凌时的种种障碍，是冰激凌项目创新的关键。从平凡的个人家庭生活经验中获得的启发，成了我进行后续一系列消费者研究的基础。

移情型：移情型的洞察力发现者，往往拥有感受他人情感的天赋。他们通常擅长见微知著，只需一点点触发，就能把自己放入一个特殊的情绪感受的框架中。对移情型的洞察力发现者来说，发现创新洞察力依靠的不是对外部世界的调查，而是一个类似角色扮演的心理过程。他超越了个人体验，把环境视为比外部调查更重要的答案来源。可以毫不夸张地说，即便是如鞋带构造这样冷门的发现，都能带领移情型的洞察力发现者进入一个更深的心理空间，找到里面的珠宝。移情是发明家最有价值的、最著名的创新工具之一。我们发现，寻找有价值的洞察力和将其深入运用到创新项目中一样具有高价值。

想更高效地发现变革性洞察力，有以下5种途径。

提出变革性问题。或许你已经了解所有非变革性问题，现在请忘掉它们，寻找变革性问题吧。

寻找新问题，并得到新答案。我们发现了一个非常有用的技巧：用一系列假设性的答案，以一种全新的方式把我们的思维集中到手头的问题上，从而找到伟大的洞见。例如，我们可以这样问：如果这个难题的答案在于微型,那么微型化能解决什么样的冲突?如果问题的答案是爱,那么爱又能解决什么样的冲突?如果答案是享乐主义、异国情调或某种工具,那么这些答案能够满足什么样的、被忽略的需求?

这些假设性答案,并不是我们真正期待的正确答案。不过,通常只有站在新的角度,才能获得新的发现。

用两种方式思考:由外而内和由内而外。变革性洞察力通常由新连接构成,所以强迫自己把新事物联系起来,可以有意外发现。

尝试在由内而外和由外而内的思维之间转换。由外而内意味着站在新兴消费者需求的角度看待公司现有产能。由内而外则是站在公司现有产能的角度看待消费者。通过站在不同的角度看待事物,你会发现以前孤立看待事物时所没有发现的新连接。

学习商业人类学课程。不必惊讶,这将有助于你发掘隐藏的商业痛点。项目负责人必须依靠自身能力培养出商业洞察力,识别商业洞察力和对消费者的洞察力之间的差别,而不是被动地观察商业活动。他必须主动剖析它,即在财务、技术、运营、能力、渠道、制度和战略上深思熟虑。虽然日常的商业活动也可以激发灵感,但偏门的环节更能够让新战略和新点子显现。

一公斤的挑衅胜过十公斤的辩护。在早期,变革性洞察力都非常脆弱。有时候仅仅因为人们担心它过于新潮而被扼杀在摇篮里。如马尔科姆·格拉德威尔在《眨眼之间》中所言:"你的潜意识比你聪明得多。"如果有什么东西启发了你的灵感,一定有其原因。深究下去,你或许会知道前因后果,但常常过不了多久,你会发现,连你也不知道为什么会产生那样的想法。

所以,一旦有什么东西让你兴奋,请务必抓住这种感觉,一探究竟,这样你说不定会有不一样的发现。

第 12 章
避开 N 种死法的创新策略

通用公司的工程师、科学家等研发人员有 4.5 万名之多,每秒钟都有数千个创意正在酝酿当中。它是如何保证那些酝酿期漫长但高风险高回报的"登月计划",有机会在未来静候新市场潮流的东风的?

清晰的策略就像一个强大的免疫系统。它不是让你的创新项目避开了某一种可能致命的疾病,而是让它避开了几百种死法。

  沸点公司一行 6 人，此刻正欢聚在旧金山的一家现代工业酒吧里。大家热情饱满，啤酒肆意流淌，桌上充满欢声笑语。然而，我们此行肩负重大使命。就在几个小时前，我们刚一结束一个为期 5 个月的项目，高级客户兴奋的赞叹声似乎仍然在耳边回荡。我们再次举杯，祝贺沸点公司更上一层楼。虽然当时并未意识到，但那天晚上成了制订沸点公司创新策略的关键时刻。那天晚上发生的事情，既让沸点公司受益匪浅，也对所有致力于创新的人有所大有裨益。

  那是 2008 年一个温暖的秋夜。熬过了起步阶段的磨合期后，我们的事业终于走上了正轨。我们是一个埋头苦干的团队，一心想干大事。渐渐地，我们在业内有了三分浮名，得到了一些媒体的关注。

  《商业周刊》（*BusinessWeek*）在一篇专题报道中，把沸点公司称为"白热的创意工厂"。《时尚先生》（*Esquire*）紧随其后，称我们为"创新的地震中心"。合作项目接踵而来，各种奖项也被我们收入囊中。这时，宝洁公司称我们为其"年度最佳创新合作伙伴"，并给我们颁发了一个晶莹剔透的琉璃奖杯。全球最大的洋酒公司帝亚吉欧（Diageo）把我们的创意评为"帝亚吉欧公司年度最佳创新"。三星和可口可乐公司则在北京奥运会的舞台上展示了我们的创意——一款交互式饮料贩卖机。

回顾历史，展望未来，我们围坐在酒桌旁举杯庆祝。乔恩·克劳福德·菲利普斯分享了客户给我们的各种赞美之辞。他们称，是我们给了他们勇气，让他们瞄准更高的目标，做更大的梦。罗尼·齐巴拉也吐诉心声，说自己如何努力"让每天感到惊奇"，这是一句深深根植于我们公司文化中的宣言。马库斯·奥利弗谈到了作为人类终极天赋的灵感。我则告诉大家，《财富》杂志想要写一篇我们的专题报道。

皮特·毛利克最后一个举杯。毛利克是一个剃着光头、挂着微笑的大个子，不仅是沸点公司最高、脑袋最光亮的家伙，还是公司最有趣的人。但他的祝词罕见地泼了大家一盆冷水。"今天很了不起，你们也很了不起，我们的未来也了不起。但很不幸，这些都是废话。"大家都笑了，皮特·毛利克也跟着笑了，但他的表情显得很严肃。

我应和道："皮特是对的。我们在飞机上讨论过这个话题了。客户给予我们的荣誉，收藏室的各种奖杯和媒体的关注当然很美妙，但这些不应该是沸点公司的关注点。我们的工作，是帮助客户提升创新成功的概率，并把创新转化成看得见摸得着的成果。我们做到了吗？是的，或多或少做到了，但还没达到预期。接下来几个月，我们要研究一个重要的问题，即为什么很多伟大的创意会夭折，以及如何改变这一现状。让我们享受今晚的时光吧，接下来还有很长的路要走。"

我们打算着手的事情，可以用一个高尔夫球界的事件来类比。老虎伍兹还没被丑闻缠身时，他的球场表现，无论从哪个角度看来都无可挑剔。他一个接一个地赢得锦标赛冠军，以创纪录的 12 杆优势赢得美国大师赛。随后，他向整个高尔夫球界宣布，虽然自己的球技已经足以赢得大部分比赛，但他仍然不满意，他要对自己的挥杆技术进行一次质的提升。

我们的名气没有老虎伍兹那么大，赚的钱当然也没有他那么多，但我们要做的事情是相同的。这是每一颗业界新星都应该做的事情：

远离外界的赞赏，自己给成功下定义。我们的目的，是想方设法提高创新的成功率。为了达到目的，我们必须提升自己的技能。然而，从那天晚上开始的重建之旅，却令人意外地坎坷曲折。

创新就像买彩票？

接下来几周，我们几个人开始了系统性研究这个问题：为什么有些看上去很伟大的创意会走向灭亡？有的创意足以打动客户，但出于某些原因，它们没能成功走向市场。我们之前的一系列失败项目，为此次研究提供了非常全面的数据。我们并不想形成什么学术理论，只想重塑沸点公司的下一代创新模型。

我们寻找线索，研究了十几个项目。只要没有成功推向市场，我们就认为某个创意是失败的。尽管有的项目就创意而言或许非常了不起，但这毕竟不是创新的目标，所以它们不算成功。我们接触了之前的一些客户，他们原本对我们的合作项目寄予厚望，但项目最终还是失败了。客户对此一点也不生气，他们认可了那些创意，且认为创新失败是再正常不过的事情。有的人甚至感到很惊讶，不明白为什么我们在取得了那么多成功后，还要对那些失败耿耿于怀。尽管不明白我们的深意，他们依然提供了慷慨的帮助，为那些一度被寄予厚望却最终失败的项目发表了深刻见解。

我们把调查结果汇集到一起，观察着各式各样的失败因素。每个创意失败的原因都不止一个。我们把这些原因分别整理在一张卡片上，试图找到它们的共同点。我们从多个角度考察这些失败因素，把它们一遍又一遍地颠来倒去，进行排列组合。我们盯着它们，绞尽脑汁，把其他同事拉入讨论，甚至玩起"找规律"的游戏。随着调查研究截止日的临近，我们渐渐形成了初步判断。

这就好像罗塞达石碑（Rosetta Stone，一块致使人类破解了古埃及文语言的特殊石头。——译者注）解密的那天即将到来。规律识别，是发明家最常用的技能之一。万事万物一定自有其规律，每个人都想成为那位解密大师。但事情的结果却大大出乎我们所有人的预料。

我站起身来说："好吧，亲爱的同事们，规律就是……没有规律。"

我们很不情愿地承认了这一事实。那些伟大创意的死因，就如无厘头电影一样千奇百怪。它们包括：

◆ 这个项目和 CEO 最钟爱的那个项目产生了冲突。
◆ 公司高层就是弄不明白这个项目的真正价值。
◆ 首席财务官认为预测风险过高。
◆ 项目总监回家生孩子了，没人顶上来。
◆ 针对这个创意产品的目标渠道，营销部门没有足够的分销能力。
◆ 现有技术无法为项目提供有效解决方案，研发部门也质疑这个项目的价值。
◆ 投资回报率太低。
◆ 项目的目标市场利润低于公司最低期望。
◆ 部门战略发生变动，原来的那个创意不再适合。
◆ 管理层出现人事变动，新的掌权者喊停了我们的创新项目。
◆ 事业部有他们自己的议程表。
◆ CEO 不确定这个创新产品是否能在市场立足。市场偏好一旦改变，这个项目将血本无归。
◆ 其实这个项目还没死，只是它快断气了。每个人都说这个点子很聪明很有趣，但就是没人开始行动。

◆ 由于资金不足，公司为了保住其他项目而把我们的项目砍掉了。

对任何创新者而言，伟大的问题就和伟大的答案一样令人激动。问题讨论会开始时，每个人都在兴奋地窃窃私语。但听到创意死掉的原因是随机的、毫无规律的，整个会议室忽然变得异常安静。换句话说，"随机"是这个问题最糟糕的答案。

如果创意失败的原因是随机的，那么这个结论的实际意义和对人心理层面的影响，将是非常微妙而深远的。创意失败的确有规律，它的名字就叫做"买彩票"。开奖之前，你永远不知道这个号码是否比那个号码更值钱。唯一提高中奖率的方式，就是尽可能多买一些彩票。对我们而言，这个结论等于在说，我们只能尽可能多地想创意，然后祈祷能多有几个创意活下来。如果接受"随机"的答案，那么以量取胜是唯一的应对方式。虽然在创意诞生之初，我们也需要一些"机缘巧合"，把之前毫无关联的事物联系起来，但这和"一项创新能否成功实现的决定性因素是随机的"有着本质不同。

刚得出这个结论时，"彩票"一词悄悄成了我们的内部术语。研究一个创意时，我们会问："这张彩票值得买吗？"意思是，它是否值得我们花费时间和精力。这导致了思维上的局限性。在某种程度上说，希望提高创意的成功率，可以让我们的思维更发散，让想象力更丰富。但最后，随机性泼了我们一身冷水。它完全站在了我们的对立面。

虽然你觉得自己手头的创意很有趣，但你忍不住对它的价值提出疑问，或怀疑自己为它倾注的心血是否能获得回报。创意需要的是爱、关心和精心的培育。

然而，在可能因为随机性而消失的事物上投入太多感情，本身就冒着很大风险，因为你不知道哪天它就忽然被天上掉下的一辆公交车给消灭了。你会对自己的无能为力感到无助。你可能因此变成了一个宿命论者，不再为自己的工作倾尽全力，不再踌躇满志，不再为"一定能够满足市场新兴需求的伟大创新"忙得废寝忘食。这是正常的心理防御机制。

接下来的几个月，我们开始尝试增加每个创新项目的点子数量，以便了解"点子数量"这个因素对项目成功率的影响。如果最终证明创新成功率和点子数量相关，那么我们就会竭尽全力增加点子数量。但实际上，我们发现这场实验毫无意义。如果一个创意项目是否成功完全是随机事件，那由我们团队来搞创新或由一群拿着一百支马克笔和一百本便签纸的猴子来搞创新有什么区别呢？尽管如此，当这个令人绝望的实验开始得出一些结论时，我和皮特私下决定，不要再让自己受到之前答案的干扰。

接下来几周，我们不断回到原点，尝试以各种不同的角度寻找那个令人头疼的规律。如果我们反过来，不再纠结创意失败的原因，转而研究其成功的原因又会怎样？我们仔细分析了那些成功的创新项目，看它们是否具备区别于失败的创新项目的共同特征。是创意更好，还是洞察力更强？它们在调查中的表现更好吗？成功的创意一般是更大胆，还是更保守？它们在设计上更吸引人，还是在形式上有所突破？它们运用的是传统商业模式，还是用了新的商业模式？

然而，情况还是一样，没有任何规律可言。看上去，成功的创意之所以成功，其原因都十分特殊。有趣的是，创意失败的原因有几十种，而成功的原因却可以总结为一句话："我们所认为的，恰好是这项商业活动所需要的。"不幸的是，这个答案仅仅比"随机"好一点。它过于模糊，不具有实操性。然后，我们又对失败创意进行剖析，于是又得到一个不是答案的答案。

蓝天、钓鱼、跳投和上篮项目

在对"创意失败是随机事件,创新只能以量取胜"的答案感到失望和愤怒的同时,我们开始把目光投向我们在创意工作中经常使用的工具。

如果我们拿出小抹刀,把事情反转过来看呢?如果我们不把目光停留在项目是生是死的终点,而是转而研究它的起步阶段呢?如果把注意力放在创意的早期阶段,我们能找到有迹可循的模式,从而提高创新成功率吗?

我们再次借助了卡片。这一次,每张卡片代表的不再是创意的死因,而是代表创新项目本身,同时用不同颜色来区分它们的成功程度。我们再次对这些卡片进行筛选,试图找出其中的规律。不同类别的产品,存在相同的规律吗?例如科技产品、零售货物和服务之间?B2C和B2B之间?高伸展性和低伸展性?答案是没有、没有以及没有。

在几乎就要放弃的时候,我们做了最后一次尝试。我们思考了这样一个问题:在项目推进过程中,策略清晰程度如何?我们评估了这些项目的初始状态,把它们分为4个类别,并按策略目标从最宽泛到最具体依次排列,分别贴上标签:蓝天、钓鱼、跳投和带球上篮。

"蓝天"意味着一个项目的策略目标是完全开放的,其策略制定的意图可以简单地总结为增长业绩。项目背后的动力,仅是弥补公司需求与其现有产能及创新渠道之间的差距。简单地说,就是只要增长,不管手段;没有规划好要进入哪个市场,以及在哪方面展开竞争。这是典型的模糊前端型任务。或许公司会列出几个雷区或几个可能的起点,但摆在你面前的,几乎是白纸一张。我们之前多次遇到这种情况。带着这种项目找到我们的客户,通常希望我们自己寻找目标市场。这样一来,没人能保证会得到好结果。

下一个类别是"钓鱼"。这种项目的策略稍微具体一点,但仍然有很大的发挥空间。"钓鱼"项目相当于让你去某个特定的池塘边上逛上几圈，看看会不会有收获。那个池塘可能是某种消费趋势，例如健康养生、3D打印或"90后""00后"爱上的什么新玩意儿。这些项目注定是探索性的，你要尝试从这些可能性和好奇心中挖掘出实际价值来。和"蓝天"项目不同，"钓鱼"项目有着明确的目标市场，但任务的重要性、完成手段和目标利润都不清楚，唯一明确的就是，那是一个值得探索的区域。

具有比"钓鱼"更具体策略的项目，可以称之为"跳投"。这是一个篮球术语。其目标是篮筐，谢天谢地，它是固定的。你无法移动它，且离它有一定距离，甚至可能站在三分线外。要接近篮筐非常困难，通常存在着难以逾越的阻碍，比如两米高的防守球员。你知道，把球投进篮筐可以获得实际价值（至少得2分）；你也知道，篮筐是项目的必要条件，没有篮筐就无法得分，也无从赢得比赛。

在实践过程中，"跳投"项目是指那些具有清晰目标、具体策略和较高经济价值的创新项目。它在公司具有很高的优先权，但需要一定的方法才能实现。拦在你和目标之间的障碍，可能是竞争对手、技术、策略、财务、品牌价值或产品概念。通常在公司做出重大决策时，例如，决定增加业务量或开发新业务时，就会产生"跳投"项目。这个项目的产生，可能是由于公司急切地想进入某个延伸市场或空白市场，但想进入这个市场尚需相关的策略、价值定位、产品和商业命题。

最后一个类别的创新项目叫"上篮"。它是所有项目中策略最明确的一类。公司已经明确了这个创新项目的重要性和价值，毫无疑问，这个项目必然能推出一款满足市场巨大潜在需求的产品。你要做的就是大胆前进，抓住机会。在这些项目中，或许你手头已经有了产品雏形、明确的消费者偏好数据以及承诺执行这一项目的公司名字。但公司需要的是战略高度、最优秀的产品以及出色的产品故事、客户体验、商业模式、品牌和视野。一开始就很接近目标，并不意味着百分之百的成功。在篮球比赛中，上篮被封盖或篮球偏离篮筐的风险比你想象的要高得多。"上篮"并不代表较低的困难程度，而是说这种项目的目标非常明确——近在眼前，且达到目标之后的回报也很高。本质上，"上篮"项目等于在告诉你，你离目标很近了，你应该尽量将成果最大化。

将接手过的所有项目，无论成功的还是失败的，都按"蓝天""钓鱼""跳投"和"上篮"进行归类后，我们再次试图从中寻找某种规律。我们把"上篮"项目单独列出来，因为从这类高成功率创新项目中，似乎更容易发现规律。当再次考察"蓝天""钓鱼"和"跳投"项目，我们之前遭遇的所有挫败瞬间烟消云散了。这一次，蕴藏在这些项目中的规律自己跳了出来。

尽管每个类别的创新项目都具有一定的成功率，但"跳投"项目的成功率明显更高。"蓝天"和"钓鱼"项目的成功率最低。结论已经非常明显了。看来，决定一个创新项目是否成功的最大因素，在于进入创新流程前其策略的清晰度。

从表面上看，这意味着结果导向型的创新者应该尽量在项目开始前就完善项目简介。不过，通过进一步分析，我们发现事实并非如此。观察"蓝天"项目，我们也发现了很多成功项目，且它们遵循着另一种规律。在成功的"蓝天"项目中，我们都在项目早期就本能地缩小了目标范围。

我们这样做完全是出于偶然。事实上，我们决定缩小目标范围时，还一度担心项目会因此难产，担心在不知不觉中错失伟大创意。"请尽量保持事物的开放性"，这种观念深深根植于风靡世界的传统创新理念中。它鼓励人们尽可能广泛地发散思维，尽可能想出更多的创意。然而，我们找到的规律告诉我们，传统观念错了，至少它在我们的创新实践中行不通。我们的团队和客户，都拥有足够多的创意。能否把发散性思维运用到一个界限清晰、定位精确的目标领域中,决定着一个创新项目的成败。

最成功的"蓝天"项目,在正式进入创新流程前,实际上已经完全不是"蓝天"项目了。从项目启动到创意构思的一两个月时间里,我们已经把"蓝天"项目变为了"跳投"项目。我们把项目的策略聚焦在消费者需求、公司需求和资金限制的交集里。我们在构思创意之前,已经充分考虑过客户所在企业上下每一位关键决策人物的要求。在那些失败的项目中,我们没有做好缩小目标范围的工作。我们只是一味追求那些看上去和消费者有所关联,又能引起我们兴趣的事物。

"钓鱼"项目也存在同样的规律。到我们构思创意的时候,"钓鱼"项目已经不再是"钓鱼"项目了。基于大量调查数据的重大决定和洞察力,已经把项目的策略目标变得相当清晰。本质上,我们已经把项目的定位从"广泛的好奇心"调整到了"明确的策略目标和利润目标,以及达成目标的方法"。

铁证就藏在经过严格筛选的"跳投"项目中。虽然所有"跳投"项目的简介从一开始就非常详细,但取得最大成功的,依旧是那些我们在早期阶段就进一步找准策略重点的项目。关键在于,我们从未因为项目简介太复杂就丧失信心和勇气。我们没有避重就轻,只处理容易的问题。事实上,在工作的过程中,我们往往会把初始目标一层一层升级,把项目的方向调整到与公司的核心战略一致的位置。这是让客户全力支持项目的关键因素。就这样,我们把一些最初看上去有趣的创意变成了具体、有价值、伟大且具有战略高度的项目。

在苹果、菠萝、长颈鹿和独角兽之间选择?

作为一家生来相信伟大创意能够点燃消费者需求,并助客户更上一层楼的创意公司,发现创新成功规律的时刻就是沸点公司的分水岭。提高创新成功率,不仅意味着改变创新的方式,更重要的是改变创新策略。也就是说,不仅需要一箭双雕地推进项目,更需要在项目开始前就进行更准确的战略选择。

策略重点才是影响创新成败的最主要因素。得出这个结论后,我们对于为什么增加点子数量并不能提高成功率的结果释怀了。事实上,过分追求点子数量反而会降低成功率。我们面对的是一个正态分布曲线。如果一开始你的点子很少,那么随着点子数量的增加,成功率的确会提高。但当点子数量增加到一定程度后,创新成功率反而会相对下降,直到不再增长为止。

这完全符合现实情况。人的时间、精力和注意力都是有限的。就好比挖金矿,如果你跑满整座山,这里一铲,那里一锹,那么你一定会累瘫在一大堆坚硬的岩石之间。另外,在选择过多的情况下,决策也更难。到最后,你会发现自己要在苹果、菠萝和长颈鹿(有时候会出现独角兽)之间做选择。如果策略重点清晰,就可以解决这些问题。

当然,策略可以有多种形式。相比已被广泛研究的发展策略及设计策略,创新策略则完全不同。发展策略指出了企业利用任何资源的盈利途径,创新或许是其中之一,但其中也包含很多和创新无关的方法,如在中国建立分销渠道,或进入新市场等。

设计策略或许会被运用到创新当中,但它和创新策略处于完全不同的高度。设计策略主要用于决定一种新产品、新服务或新客户体验的创意要点。它的默认前提是,项目在商业上完全行得通。设计策略适用于需要微调的现有产品。它倾向于改造一个现有产品以迎合市场需求,而不是创造新产品,开辟新业务。

创新策略与上述两种策略完全不同。在实践中,我们如这样定义创新策略:指增长空间中一个具体的机会,它可以让新业务、新品类、新产品、新服务、新品牌、新商业模型或新市场路线创造出新价值。创新策略的使命是缩小市场范围,为新产品计划一场可取胜的战役,并告诉我们如何打赢这场战役,以及胜利将到来怎样的商业价值。

如果确定了发展策略,那么新业务或新产品的创新策略,就是要想办法实现仅凭现有产品无法实现的利润增长。例如,把货物分销到中国确实可以实现一定利润增长,但这仍然很难达到既定目标。这时候,创新策略就先会研究需要开辟的新业务,然后研究这项业务所需要的产品类型。通常,创新策略会包含产品设计策略,但其重点并不是设计产品,而是开辟新业务。

为了提高创新的价值,创新策略有两个重要任务。第一任务是保证创新产品高度符合新业务的基本要求,而不仅是打个看上去有趣的擦边球。你或许会想当然地以为,大多数创新项目一开始就和公司的战略重点保持一致,但实情并非如此。很多时候,一个创新项目之所以会启动,仅仅是因为眼前的消费风潮,或某项商业前景尚不明朗的实验结果。这样的创新项目不会和公司核心利益及目标自动发生联系,你必须有意识地推动。

通用公司:为重大创新项目裹上绝缘保护层

为了把伟大的创意推向市场,怎样强调创新项目与公司需要的一致性都不为过。美国通用电气高级副总裁、首席营销官康贝丝的经历可以印证这一点。

康贝丝供职的通用电气有着悠久的创新传统,她负责领导一支规模庞大的创新队伍。毕竟通用电气的创始人名叫托马斯·爱迪生,创新门槛自然非常高。爱迪生对成功的定义,并非仅是发明出新东西,更是要把新发明成功商业化。这种价值观深深根植于通用公司的

DNA。正是因为其成果导向型文化，通用电气一直是我们最喜欢合作的公司之一。通用电气的 DNA 中也蕴含了强烈的好奇心和瑰丽的想象力，但归根结底，他们想要的不仅是探索创意的边界，更是把创意变成实实在在的产品。

通用电气的工程师、科学家、销售员和市场营销人员加起来有 4.5 万名之多，每秒钟都有数千个创意正在酝酿当中。对于决定创意生死的创新策略，康贝丝有着自己的独特见解："所谓策略，就是对未来的一种展望。它永远包含不可预测的部分，也总背负着满足商业短期需求的压力。很多需要数年才能完成的创新项目，都因为无法满足公司的短期需求而随时面临腰斩的风险。

"我和沸点公司的董事长兼 CEO 杰夫·伊梅特尔想了一个办法，把一系列最符合公司长期商业策略需求的创意隔离保护起来。无论何时，我们手头大概总有 30 个这样的创意。它们永远都不会受到资金紧缺或经济疲软的影响。杰夫和我每个月都会花 4 个小时亲自督查这些项目，并为它们提供指导。有了这种政策保护，那些酝酿期漫长但高风险高回报的'登月计划'，就有机会在未来静候新市场潮流的东风了。其他创意或许也有一定的价值，但我们之所以只保护某些创意，是因为它们最符合公司的核心需求。我们会关注那些和公司策略没有太大关系的创意吗？

"当然，有时候某个创意实在太吸引人，让人忍不住想一探究竟。但那毕竟只是少数。创新策略就好比对刚诞生的创意进行空中掩护。如果创意身边没有紧跟着创新策略，那么它能够获得的资源以及公司对它的耐心就会十分有限。"

把康贝丝在通用电气这样的创新巨头公司的亲身体会，和其他规模更小但种类繁多的企业经验结合起来，我们会发现，二者遵循着同样的规律。与公司的主要目标在战略上保持一致，是创新项目的绝缘保护层,是它的活力注射器,是它通往成功之门的金钥匙,是它的资源运输队和轨道润滑剂。重要的是,创新策略并不会让我们在创新的时候束手束脚。如康贝丝所言,那些受到保护的大胆创新,未必能够百分之百成功,但这种对重大创意的保护,是通用公司的基础。

瞄准,射击!

上文提到,创新策略的首要任务是保证创新项目的目标和公司的核心目标一致。它的第二个任务,就是保证创新项目瞄准蕴含最大商机前进。如果项目简介明确了创新范围,那么创新策略瞄准的就应该是其中最可能挖到黄金的地方,并排除所有看上去诱人但实际没有多少油水的干扰因素。缩小范围的关键就在于寻找消费者需求和公司现有产能、商业需求以及盈利潜力的交集。一个伟大的创新策略能够保证一场商业战役的成功,并赢得值得我们为之浴血奋战的战利品。

认识到创新项目的成功率和创新策略有着莫大联系后,我们开始在工作中大力提升创新策略的地位。好消息是,我们原本就具备这种能力,只是之前没有把它最大的作用发挥出来。"金钱"组一开始的任务只是在项目前端为我们提供能够激发创意的商业洞察力,以及在项目后端提供相关的商业案例。不同之处在于,更高的策略严谨性可以更准确地引导我们的创造才能,从而让我们在一个创意最终成形之前,有意识地缩小创意的目标范围,并了解其真正的商业价值。

在确定沸点公司的创新策略时,我们从两个方面寻找答案。第一,我们手头的数据。我们做了大量工作,把"蓝天"项目和"钓鱼"项目变成"跳投"项目,从流程上改变创新的成功率。第二,从客户身上汲取经验教训。

失败的创新策略

我们不仅希望简单地运用创新策略，更希望它能发挥杠杆作用。所以，我们首先必须对完善它。客户来找我们的时候，他们的创新策略通常都有一大堆问题，且成功概率也不高。通常，我们会问他们的创新策略哪里出了问题，哪里进展顺利，他们则会向我们倾诉一大堆创新策略完全不管用的悲惨经历。无论这些创新策略是由公司内部的战略部门制定，还是由外部管理咨询公司代劳，其失败原因都具有3个共同点。

第一点，可证性和可能性之间的矛盾。正如爱德华·德·波诺所言："未来无法被分析，只能被设计。"很多战略部门的工作人员或管理咨询公司人员，都具备顶级的从已知事实进行逻辑推理的能力，但如果要他们反过来，对未来的可能性事件进行逆推（或猜测），寻找可能导致那些事件发生的因素，证明那些事件的确可以在人为干预下发生（即那些可能性事件是"可证的"），他们就有点力不从心了。按照人们的常识，所有被证实的事情都已经发生了，所有尚未发生的事情都无法被证实。

创新策略的平衡作用在于，它能让可证性和可能性结合起来。如果有充足的证据支持，一个大胆、前瞻的策略很容易得到公司领导人或投资人的肯定。如果你硬要调整自己的创意，以与有限的数据保持统一，那你就会扼杀它的变革性潜力。

黛比·霍普金斯是花旗集团首席创新官兼花旗创投CEO，她对公司创新颇具心得。数年前，她带领的花旗创投团队在美国帕洛阿尔托市的一个改装车库里宣告成立。为了把花旗集团重新带回曾长期占据统治地位的金融服务创新领域，花旗创投团队专门寻找新的投资机会和新兴前沿科技。我们合作的项目横跨两个不同的世界：一边是巨大的、高度成熟的金融机构，另一边是高度活跃的金融服务领域。由于客户期望和经济现状的不断改变，该领域变化迅速，各种新技术层出不穷。

黛比说："我们看到的是，传统的策略，即竞争性评估和对商业趋势的推断，已经完全失效，因为市场变化的速度实在太快。我们不再只是和其他几家大银行竞争。我们需要放宽眼界，把所有银行、科技创业公司和零售商等都包含进来。在这种新环境下，很少公司能够制定正确的策略。所以，在制订策略时，我们的眼光需要比以前更长远，不仅要紧紧围绕当前的现状，更要瞄准未来的机会，并引导公司的资源向正确的方向倾斜。"

黛比所述的现状并非银行业独有。相比以前，现在的策略制定需要一系列更广泛的知识和更先进的技术。黛比的职业背景十分复杂，她既担任过工程技术领域巨头的首席财务官，如波音公司和朗讯科技公司，又带领过花旗集团涉足诸如美国 Square 公司移动支付平台这类颠覆性科技领域。而这恰好让黛比具备了制定更高明策略时所需要的知识和技能。另外，一双发现重要创意和颠覆性观念的眼睛也非常重要。

黛比补充说："我们发现，今天的策略应该具有颠覆性。实际上，颠覆性是我们制定策略时的主心骨。我们需要冷静地观察市场变化，要么迎合潮流，要么逆流而上，但就是不能无视它。然后，我们会找到一个组合投资方法，把赌注压在一系列我们看好的颠覆性领域上。"

对沸点公司而言，这一新发现，即创新策略在可证性和可能性之间的冲突，让我们感到非常振奋。这意味着，把对现状的分析和对未来的创造性视角组合到一起，不仅对创新策略有帮助，也有可能成为现代创意的基础。借助"金钱与魔法"的理念及执行力，我们似乎已经掌握了构建最佳创新策略的正确方法和能力。我们的方法，是任何一家管理咨询公司和设计公司从未想过的。

第二点，创新策略切入角度的单一性。很多公司的创新策略之所以达不到预期效果,主要是因为其关注的维度相对单一。通常,一家公司会以一种新兴消费风潮作为创新项目的基础,而不会深入思考公司的商业定位,甚至从未想过新兴消费需求如何才能为公司带来利润。或者反过来,公司只为创新策略提供一笔资金,却不研究如何使用这笔资金,从而更好满足消费者的需求。想要创新策略奏效,必须考虑周全。在构思创新策略和进行创新实践的过程中,我们必须双管齐下,既探索市场,又研究公司财务、渠道态势、竞争环境和运营理念等,从而创造一种变革性的趋势。

第三点,创新策略的制订者和实施者分离,没有真正的负责人。我们的客户把这种状况描述为"笨拙地传球"。通常,创新策略的制定者和实践者都不是同一批人。随着创新策略的敲定,很少会有人质疑:"我们真的能实现它吗?"通常的情况是,策略敲定后,直接被转交到创新执行者手中。既然创新策略的制订者和提出最终市场解决方案的不是同一批人,那么,到头来,任何人都不会对这个创新项目真正负责。如果创新项目失败,策略制订者可以把责任推给创新执行者,指责他们糟践了一个绝佳的策略;创新执行者则会反过来埋怨策略制订者把自己带进了死胡同。

所有这一切都表明,有必要让同一批人来制定创新策略的和提出创新解决方案。不管是运气使然还是天道酬勤,我们已准备充分,以帮助客户解决这类问题。

从散弹枪到激光

有了以上发现,我们还需要做一项实验。我们必须知道,如果在提高创新策略质量的同时,减少项目的创意数量,结果会怎样?事实上,我们在试验中就把创意项目的点子数量减半了。奇妙的事情发生了,成功率再次提升。早期,我们的创新项目的成功率是25%,虽然这一概率已经比大多数公司多年来的创新成功率高得多,但远远没达到我们的期望值。现在,通过针对清晰的战略和经济目标开发一系列经过精心筛选的创意,我们的创新项目的成功率一再实现突破。这么多年来,我们的创新成功率始终维持在60%～80%之间。

还有另一件有趣但出人意料的事情。"蓝天""钓鱼"和"跳投"项目的成功率开始趋于一致。我们的方法是,一方面用一箭双雕的解决方案开发这些项目,另一方面用严格的策略矫正这些项目的开发方向。接下来,一切都顺理成章,水到渠成。就这样,我们找到了一个行之有效的方法。它可以把创新成功从随机中奖事件变成业务发展的引擎。

回到一开始的问题:为什么被寄予厚望的创意会因为随机原因而夭折?实际上,我们错了,我们的关注点弄错了。真正的问题在于,我们的创意太随机了。托德·罗瓦克是沸点公司的任事股东。多年来,他一直致力于让创新策略发挥更大威力,并指导我们的团队实践。他认为,正是人们对策略的重要性缺乏认识,才让那么多创意被一些随机事件扼杀。托德解释说:"如果你希望创新成功,清晰的策略就像一个强大的免疫系统。它不是让你的项目避开了某一种可能致命的疾病,而是让它避开了几百种死法。"

"具备战略价值的创新,可以获得足够的资源支持,从而安稳跨过每一道坎。它可以得到公司最高层的支持,从而排除重重阻力。它还可以安然渡过公司高层的动荡时期。在公司需要削减项目时,它也会被列入重点保护名单。它可以集中团队所有天赋和精力,创造出'错位(Mismatch)'的局势。让每个人都聚焦于一个具体、有利可图的点上,所有燃烧着激情的天才大脑都朝同一个明确的方向努力。在这种情况下,我敢说,项目想要失败都难。"

集中火力切开一个塞满现金的保险箱

托德的评论，实际上是一种关于如何让创新团队发挥最大潜力的艺术。我们相信，创新的成功，很大程度取决于创造出体育教练所谓的"错位"局势。无论什么样的体育项目，一切比赛策略的关键，都在于想办法创造出有利的"错位"局势。比如，足球教练让己方速度最快的前锋单挑对方反应最慢的防守球员；棒球教练安排己方速度最慢的投手上阵以戏耍对方的快球击球手；篮球教练则让己方个子最高的球员来打败对方个子最小的球员。

从某种程度上说，我们要努力为创新项目创造出"错位"局势，联合自己和合作公司最天才的大脑，共同解决一个非常具体、指向明确的问题，这个问题不是某个小问题，而是一个非常明确具体的"大"问题。

这样，我们就避免了战线拉得过长、每一步都异常艰难的局面。只要把所有火力集中到一点，我们根本不可能输。或许，集中所有火力切开一个塞满现金的保险箱是最恰当的比喻。同时从好几个点下手，会分散我们的火力，导致打开保险箱的任务失败。如果把团队所有的火力，即所有智力、激情、知识、经验、直觉和精力，集中到同一个切割器的能量束中，就可以切开世界上任何一个塞满黄金的保险箱。也许保险箱某个部分很难切，但我们可以把所有火力集中起来，专攻它最薄弱的部分。

因此，把团队中的天才大脑集中到一个定义清晰、具有高经济价值和战略价值的任务上，成功就近在眼前了。也许，有人担心这样做会压缩项目规模。

其实这是多虑了。因为创新项目的目标清晰度，一点也不影响其规模，但却能大大提高成功率。

如何制订出伟大的创新策略？

旧金山的那个夜晚，改变了我们制订和运用创新策略的方式。

虽然每个优秀的创新策略都只适用于特定的情景，我们依然找到了一套制订伟大创新策略的方法。我希望它能帮助你在挑战未来的难题时取得成功。

步骤1：从两个方面深入。我们在上文反复强调，制定创新策略时，应该从消费需求和公司业务能力两方面着手。我们通常参照那14种洞察力，以保证我们在这两方面倾注同等心血。在消费者需求方面，我们需要研究消费者的行为、体验、情绪、活动、人际关系以及选择。在公司业务能力上，我们需要研究公司的目标、财务、设备、运营、渠道、技术、竞争和组织结构等。我们一般会在最初的6个星期内完成这些研究工作。

步骤2：提炼，寻找规律和联系。深入研究消费者数据和业务能力数据后，我们开始寻找对消费者的洞察力和商业洞察力之间的规律和联系。这是一个提炼的过程，可以帮助你分清楚什么是有趣的，什么是重要的。我们需要的是以下4种关键洞察力，并从中寻找开启机会大门的钥匙：

◆ 对消费者的洞察力
◆ 对公司的洞察力
◆ 对产品种类的洞察力
◆ 对渠道的洞察力

对消费者的洞察力指向的是需要解决的、未满足的市场需求；对公司的洞察力指向的是公司或品牌的未满足需求或要求；对产品种类的洞察力指向的是市场缺口及如何填补那个缺口；对渠道的洞察力指向的是零售商的关键动态，或把产品成功推向市场的关键途径（见图12.1）。

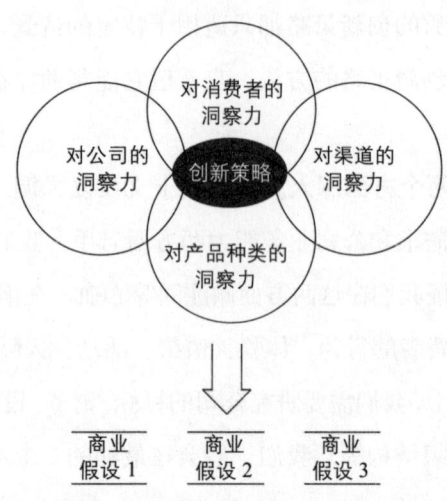

图 12.1　4种关键洞察力

接下来把这些洞察力当成观察问题的新窗口。不断叠加这些窗口，最终它们会在一个最具价值、最重要的狭窄区域出现重叠。我们需要的创新策略，就藏在这4种关键洞察力的交集中。

步骤3：前倾，让策略成为创意的强力跳板。我们会通过提出3～5个商业假设来制定策略。任何高明的商业假设，似乎都在告诉我们，一旦解决了既定问题，就能获得理想的结果。例如，如果我们扩展某一品牌，让它能够解决细分消费群体X的某种需求，就能够提高消费者对该品牌的使用频率，从而提高消费者的终身价值。不同的项目，商业假设各不相同。同一个项目的不同商业假设也会产生不同的策略。这样做，可以帮助我们走得更远，但又不会迷失方向。

重要的是，我们发现，最好用动态的眼光看待创新策略。一开始，它指引我们探索创意；之后，探索成果又反过来修正创新策略。这一点上，康贝丝再次与我们不谋而合。

康贝丝说："创新策略和后续创意之间，存在着相辅相成的关系。如我之前所说，策略是对未来可能结果的一种展望，它永远包含不可预测的部分。在既定策略下进行的创意，无论成功还是失败，都能反过来验证或重塑原来的策略。所以，策略和创意之间的相互作用不可忽视。"

虽然创新策略会不断调整，但我们绝不能因为创新策略、假设前提和创意结果之间的动态关系，而马虎对待策略形成的前端工作。之前已经反复强调过，错误的创新策略只会把我们带向创新失败的结局。我们的原则是，尽可能严格、专注地在策略指引下进行创新，并全程注意汲取经验教训，而不是傻乎乎地一条道走到黑，因为项目过程中的学习和探索会反馈更多有价值的信息。于是，我们构建策略，开发创意，提出解决方案，确保解决方案能够同时满足消费者和公司需求；然后，我们通常会回过头来重新评估创新策略。有时，它是不怕火炼的真金；有时候，它需要略作调整；有时，它也可能需要推倒重来，但由于前端工作做得充分，我们很少遇见最后那种情况。

最后要强调的是，创新项目失败不是随机事件。我们有很多种方法来提高创新成功率，其中最强大的手段就是创新策略。可以肯定的是，我们每个人手头都有几个了不起的创意。假设我们可以实现一个可以让我们在地球上为所欲为的创意，那么创新策略就是要回答这样一个问题：我们能做的事情数不胜数，但哪一件是我们应该去做的？

以下是我们运用创新策略的一个案例，案例主角是天然百利公司。我们运用可以提供4种关键洞察力的"4C框架"，来减少横亘在消费者和生鲜狗粮之间的阻碍。

对消费者的洞察力：许多明知生鲜狗粮更适合自己宠物

的人,之所以没有购买该商品,是因为购买生鲜狗粮将产生诸多不便,例如需要改变喂食习惯、价格过于昂贵等。

对公司的洞察力:作为生鲜狗粮的行业领导者,我们要做的不仅是让人们知道生鲜狗粮的诸多好处,更要把喂爱犬生鲜狗粮的行为常态化。这样一来,就可以把冷门市场变为主流市场。

对产品种类的洞察力:生鲜狗粮有数不清的优点,但它脏兮兮的形态成了其扩张的最大桎梏。

对渠道的洞察力:除非消费者渐渐习惯到超市冷鲜区购买宠物食品,否则生鲜狗粮很难在宠物食品界普及开。

创新策略将会在这4种关键洞察力的交集中诞生,从而为项目带来一个清晰的焦点:找到方法减少消费者选择生鲜狗粮的阻碍,从而为天然百利带来巨额利润。

在这种策略背后,隐藏着3条假设。它们可以作为创意的跳板,从3个不同方向指导后续的探索工作:

假设1:减少产品的形态阻碍。如果我们减少人们在解冻生鲜狗粮时的不快体验,把这一过程变得更加简单优雅,就能找到巨大商机。

假设2:减少渠道阻碍。如果我们能把生鲜狗粮放到宠物商店里卖,就能吸引那些永远不会去超市冷鲜区寻找狗粮的主流消费者。

假设3:减少成本阻碍。如果我们想办法让消费者在不大幅增加预算的情况下,体验到生鲜狗粮的好处,他们就会发现自己错过了那么好的产品,从此变成生鲜狗粮的忠实消费者。

从这 3 条假设中诞生出来许多出色的创意，包括把生鲜狗粮做成经过急冻干燥处理的粗磨颗粒，从而在存储、零售生鲜狗粮时不需要冰箱，在喂食的时候也不需要用手接触。最后，我们推出了创新产品"天天能量鲜"，让宠物主能够干净、方便、低成本地完成从普通狗粮爱好者到生鲜狗粮拥趸的偏好转变。也就是说，上述 3 条假设全部实现了。

第 13 章
理顺 B2B 生态系统中的复杂利益链

可口可乐公司如何把交互式自动贩卖机这种哑巴分销工具摇身一变,成为维护品牌消费者关系的利器?

投入至少 3 亿美元、委托数百名开发商研发的谷歌钱包,既然能够很好融入谷歌核心商业模式,还能为消费者带来极大的便利,为何最终彻底宣告失败?

在沸点公司密室里的谈话,可视为一次针对客户反馈的梳理和提炼。

"菲尔怎么样?"

"哪个菲尔?"

"卡车司机,我们叫他菲尔。"

"他怎么了?"

"他遇到了什么难题?"

"交通堵塞、背部僵硬、油价上涨、停车位难寻。"

"他在每天维护自动贩卖机的工作上遇到了什么麻烦?"

"一个寒冷的早晨,菲尔起床喝了一杯咖啡,并给卡车加满油后,又一个忙碌的星期三开始了。他被堵在了路上,背部僵硬,发动机空转。终于,他遇到了路上的第一个自动贩卖机。他打开贩卖机,检查还剩下多少货物,取走钱,然后继续前行。"

"好的。"

"他回到卡车里,朝8个街区之外的下一个自动贩卖机出发。卡车满载货物径直前行,但那个自动贩卖机几乎是满的。他从自动贩卖机里取走寥寥几个硬币,补充好货物,再继续出发。"

"对此他作何感想?"

"他有点不爽,自己白跑了一趟。他回到卡车上,朝小镇开去。交通依然拥堵,那里的自动贩卖机还是满的。他开始发牢骚。路上的每个红灯都好像故意和他作对。菲尔来到下一个目的地,不得不在人行道旁停下车。他走向下一个自动贩卖机,打开门,发现里面几乎空了。"

"他对此作何感想?"

"一方面,他感觉自己这一趟跑得很值,能赚到很多钱;但另一方面,他也知道一台空的自动贩卖机就是一堆废铁。它可能在几天之前就无法提供任何商品了,从而错过了很多潜在消费者。所以说那堆废铁在消耗他的薪水,所以菲尔高兴不起来。"

"那么,菲尔在自动贩卖机上遇到的真正问题究竟是什么?"

"我猜是时间。他在维护自动贩卖机的过程中,要么去早了,机器还是满的;要么去晚了,机器早空了。这两种情况都不妙。如果去太早,他就浪费了时间和汽油;如果去太晚,自动贩卖机可能好几天前就不再产生收益。"

"很好,但这些都只是表象。他在自动贩卖机上真正的问题是什么?"

"他在盲目奔波。除非亲自跑一趟,打开门检查,否则他不知道哪台自动贩卖机需要补充货物。"

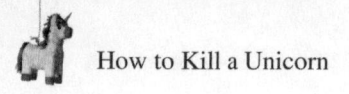

"好，我们就从这个可见性问题上着手。"

这一段对菲尔日常工作的描述非常有趣。我们在用讲故事的方法，让自己融入目标消费者的生活中。哈利·波特的创造者 J.K. 罗琳把想象力形容为"能让我们体会自己从未有过的经验的强大力量"。在创新过程中，研究非常重要，但不必在每个工作环节上都花大力气研究。为人类而进行的新发明，可以充分利用人性。

在菲尔的故事中，我们意识到，只需一个实时数据流，和一个新交互式自动售货系统，便可以为菲尔减除很多工作压力，为公司节约一大笔成本。那将是一套全新的设备。

现在，你或许已经在附近的超市看到了这种交互式自动贩卖机。它可以卖可乐、翁卡巧克力、冰激凌甚至唇膏。有趣的是，菲尔并不是我们这项创新的消费者。从以消费者为中心的设计理论看，他根本不是这个发明的终端客户。

一个"一箭七雕"的 B2B 创新难题

那为什么我们今天要关心菲尔面临的困难呢？

这是因为，企业对企业（B2B）创新，比企业对消费者（B2C）创新复杂得多。消费者创新通常对商业系统的要求有限，通常只关乎一个制造商或服务提供商，以及终端消费者。然而，B2B 创新会涉及多个利益相关者在内的整个生态系统，如果想创新成功，必须迎难而上。

例如，我们绘制出了新自动贩卖机的商业生态系统（图 13.1），发现有 7 个重要利益方，直接影响交互式自动贩卖机这个项目的成败。首先，我们需要三星为这种交互式自动贩卖机制造屏幕和微处理器。三星的直接客户是自动贩卖机制造商，我们必须让他们相信，交互式自动贩卖机是一个有利可图的重大发明。只有这样，他们才会从三星购买元器件，把它们组合成机器。制造商则需要把这种设备卖给销售饮料、零食或冰激凌的快消品公司，后者再把交互式自动贩卖机交给自动贩卖机运营公司。运营公司会雇用类似菲尔这样的员工维护设备。处于食物链终端的是消费者，他们希望在坐火车前随手买上点零食。

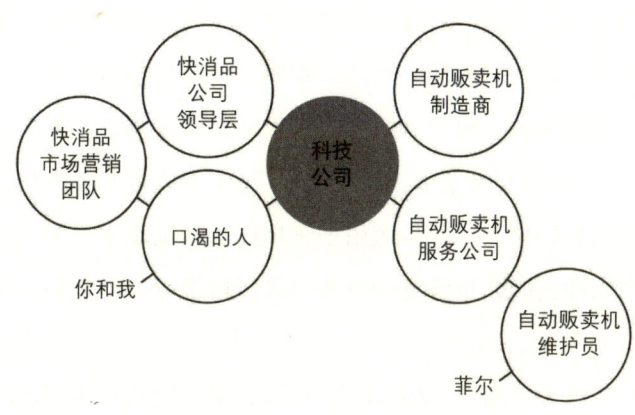

图 13.1　自动贩卖机的商业生态系统图

不难发现，在这个案例中，以消费者为中心的创新方法会遇到困难。不是因为这种方法错了，而是因为其视野过于狭隘。你我这样的终端用户的需求很重要，但是在 B2B 交易中，终端消费者对类似交互式自动贩卖机这样的重大发明能否成功上市，几乎没有影响。终端用户能做的，只是往自动贩卖机里投一两个硬币。一般情况下，只有在没有其他选择的情况下，他们才会选择在自动贩卖机上买东西。所以，消费者不会对这种设备的性能挑三拣四。而这个生态系统中的其他人，则需要投入数百万美元资金，重新部署大量人力资源，以便在交互式自动贩卖机项目上赌一把。一旦消费者不买账，所有投资都会泡汤，好在这个项目中，消费者诉求只是诸多影响因素之一。我们不能因为消费者充满热情，就假定所有利益方都愿意投资。换句话说，**消费者的诉求是开展业务的必要条件，但不是充分条件。**

为什么"金钱与魔法"模型能在这种商业模式中大放异彩？因为深植于"金钱与魔法"工具基因中的，是一种创新复合方法。为了让创新项目成功，这个模型会考虑整个商业系统中所有利益方的需求。在 B2C 创新里，我们只需要考虑消费者和公司两方的需求，把创新挑战视作一箭双雕式的问题（当然，零售商也是利益方之一，但只要你能够以一种独特的、可盈利的方式满足的消费者需求，零售商会自动跟着你走）。如果想要征服 B2B 市场，B2B 创新需要解决利益方的复杂需求。当我们认为，一种运用了三星技术的互动平台可以给自动售货行业带来冲击时，也就意味着我们毅然接手了这个需要一箭七雕的难题。

就自动贩卖机而言，为解决商业需求，我们必须一举解决 4 个"商家"的不同需求。他们分别是技术供应商（三星）、设备制造商、快消品公司和自动贩卖机运营公司。

无论是针对这个项目，还是这种规模的 B2B 创新，其商业生态系统的任一利益方的需求和动机，都和其他各方存在很大差别。所以，要同时说服所有人，不是一件容易的事。事实上，它们之间可以毫无关联。换句话说，生态系统中的每个利益方，都需要一个专属于自己的价值定位。

"金钱与魔法"模型的口号是找到"处于交集中的创意"。也就是说，你必须了解创新项目中所有相关利益方的所有需求，然后推出一个可以同时满足这些不同需求的新产品。如果你的创新只能满足一方的需求，那它能成功上市的机会将十分渺茫。

在如此复杂的生态系统需求中生存，需要超人的智慧。你通常没有无限的时间和金钱在这种盘踞着 7 个利益方的生态系统中作彻底的探索研究。交互式自动贩卖机的目标之一,是扩大自动售货行业的影响力范围,所以我们的思维不能局限于那些目前正在使用自动贩卖机的公司。跳出那些限制后,我们至少需要一个可靠假设:是什么让每个利益相关方都彻夜难眠?

回答这个问题的第一步,是对这些利益相关方的啄食顺序(Pecking Order,群居动物中,等级高的动物有进食优先权,如果有地位较低的动物先去食用,会被地位高的动物啄咬。——译者注)假定排序。世界处处存在啄食顺序,有的人是驱动者,其他人在其买进后也会响应。如果我们要为每个利益相关方设计一个价值定位,就必须找到最可能成为庄家的那个人。只要引起他的兴趣,其他人就会追随而来。就像多米诺骨牌一样,我们必须推对第一张牌。

在沸点公司,研究这种影响力等级的工作,由项目经理妮西亚·乔治负责。妮西亚是沃顿商学院 MBA。当"魔法"组沉浸在卡车司机菲尔的角色扮演游戏中时,妮西亚则在四处奔走,苦苦寻找线索并思考:究竟哪些问题困扰着自动售货生态圈中的公司?

她的研究工作从自动售货设备制造商开始。过滤行业报告和财务分析师的评估意见后,她发现,自动贩卖机制造行业是一个深不见底的黑洞。这个行业的很多设备还在运用 17 世纪的杠杆和滑轮。进入恶性循环的自动贩卖机制造业,正日薄西山。因为缺乏新鲜血液,快消品公司和自动贩卖机运营公司只有等旧机器彻底报废后才会采购新设备。而由于新设备所能产生的收益只比老设备稍多一点,所以这些公司不会急着用新机器取代老机器。自动贩卖机制造商疲软的业务表现,让他们非常渴望依靠投资重新点燃自动贩卖机市场的创新。其实,我们对它们的价值定位很早就确定了。只是需要说服其他公司为这项创新买单而已。

接下来，妮西亚把目光转向了快消品公司。她花了几个星期调查快消品公司高管对自动贩卖机的未来定位。在一次工作会议中，我们详细讨论了 B2B 创新的问题。她抱怨说，针对自动贩卖机在快消品行业中的未来定位的研究没有任何有价值的发现。随着深入挖掘，我们发现了原因。自动贩卖机根本没有被纳入那些公司的商业策略中。自动售货只是他们的分销手段之一，对他们的商业进程并没有太大影响。换句话说，就算我们制造出了世界上最棒的自动贩卖机，他们也不会感到一丝兴奋。

这就意味着，一个非战略产品做得再好，依然是卖不出去的非战略产品。我们必须想办法让自动贩卖机触动高管们的痛点。如果可以解决这些公司的核心商业问题，自动贩卖机就能找到出路。从一个全新的角度来看待问题，我们不再着眼于快消品公司的自动售货问题，而将目光转向可能用自动售货解决的核心业务问题上。妮西亚成功了。在碎片化媒体时代，快消品市场领导者最担心的问题是，在未来几年里，如何维护自己在消费者心目中的品牌形象。

事后来看，这个发现是该项目走向成功的转折点。交互式自动贩卖机的价值定位，不应该是一种更酷、可以出售更多商品的新一代自动贩卖机，它的格局应该更大：交互式自动贩卖机为品牌和消费者的交流开辟了一个新渠道。想象一下，如果全世界数百万台自动贩卖机都能向总部反馈信息，其价值将不言而喻，可谓是世界上第一个专属于市场营销者的媒体网络。这种自动贩卖机网络的商品销售能力，将高出老式自动贩卖机 2 倍多。但这并不是它的最大卖点，它最大的卖点在于，向世界上最好的市场营销人员提供了一个全新的动态自媒体平台。

绘制出整个生态系统，找到所有利益相关方的痛点，研究生态系统中的啄食顺序，然后为每个利益方草拟出各自的价值定位，以上工作完成后，我们开始了最关键的一步：找到一种可以一举解决所有问题的新产品、新系统和新的用户体验。

我们深入研究了自动贩卖机的功能特征、技术规格、设备价格因素、商业模式和影响消费者的用户体验。另外，我们把交互式自动贩卖机作为平台创新推出后，也引起了数百家相关公司的相关创新。这就好比苹果公司为 App 行业铺平了道路一样。我们没有框定某一种用户体验，而是从策略上定义了一个关键平台特征，指引其他创新者在未来几年在此平台上进行延伸创新。

我们制订的方向是，它不应被视为大街上的电视，而是一种全新的媒体，既具备广播电视的产品推荐功能，又具备双向交互的互联网属性。正面覆盖着巨大触屏的交互式自动贩卖机就此诞生。它的屏幕具有多种功能：当没有消费者靠近时，它会对特定品牌进行动态展示，而不是播放电视广告。

虽然它具备播放电视广告的功能，但用它展示专门为此平台打造的内容，可以吸引远处潜在消费者的注意。这对自动售货业很重要。它能帮助特定品牌吸引消费者，就算消费者不打算在自动贩卖机上购物，这个平台也会给他们留下有价值的印象。

一旦消费者走向自动贩卖机，屏幕的功能马上发生变化。首先，它具备各种形式的一对一交互功能，包括娱乐功能和展示所选产品的信息。触摸屏幕可以展示相关产品的营养搭配信息，或者其他隐藏起来的有趣内容。其次，消费者也可以通过触摸屏幕选择商品。同时，自动贩卖机将自动识别存货数量，不会展示已经售罄的产品。

最后，我们找到了让这个复杂的 B2B 生态系统中 7 方共赢的解决方案。

三星：开辟并占领了一个巨大的空白市场，提供 LCD 屏幕和微处理器，把全球近 2 千万台自动贩卖机升级为交互式自动售货网络。

快消品公司的高管：新的自动贩卖机可以提高商品出售率，且把全世界数百万美元的自动贩卖机大军从一群被动、沉默、孤独的设备，变成了世界上第一个专门供市场营销者利用的媒体网络。

快消品公司的品牌领导者：一种新的品牌形象动态维护工具，让其品牌以一种全新的交互方式，在售货过程中和消费者建立联系。

自动贩卖机制造商：加速了设备升级周期，开辟了新的自动贩卖机产品品类，并带动其他公司的资本投入到自动贩卖机制造商最渴望的创新项目中来。

消费者：自动贩卖机不再是最不受待见的购物途径，而是一种活跃、有趣、充满魅力和社交元素的新体验。

自动贩卖机运营公司：一种降低自动贩卖机空置率的新方法，为商业模式注入活力。

可口可乐公司是第一个采用这种交互式售货平台的勇敢者。它联手三星，在北京奥运会上大面积投放这种交互式自动贩卖机。它还允许消费者在屏幕上旋转可乐瓶。结果，想要体验这种新设备的人实在太多了，每一台交互式自动贩卖机前面都排着长长的队伍。

联合利华公司是第二个进军交互式自动贩卖机的知名企业。它用这种设备卖冰激凌，同时为设备系统安装了人脸识别软件。如果消费者露出一个足够大的微笑，则可以得到一杯免费冰激凌。而贩卖机拍下的照片经过处理后将直接上传到 Facebook。

卡夫食品也加入了这个行列，为交互式自动贩卖机安装了情绪识别软件，为潜在消费者提供膳食建议。

雀巢公司用交互式自动贩卖机销售翁卡巧克力。

之后，连欧莱雅集团也加入进来。该集团意识到，这种新型的交互平台可以为原本完全不适合自动销售的知名品牌打开新销路。欧莱雅在纽约地铁站投放了一种叫做"智能美妆管家"的高智能触控式自动贩卖机。它会扫描站在内置镜面前的女士，为她提供个性化的化妆建议，并从近700种商品中筛选出适合她的产品。

至此，我们不仅实现了发明一种全新自动贩卖机的目标，还为自动售货生态系统中的每个相关者都增加了收益。据卡夫食品反映，其自动售货渠道的商品销量翻了一倍。《金融时报》报道称，交互式自动贩卖机的成本约为传统贩卖机的3倍，但带来的投资回报率是之前的10倍。

交互式自动贩卖机的巅峰出现在2013年。把自动贩卖机从作为备选购物手段的死气沉沉的机器，变成建立品牌和消费者关系的网络平台，只是一个战略上的直觉，最终可口可乐公司完成了点睛之笔。

印度和巴基斯坦在地理上紧紧相临，文化上也有很多相似之处。但在过去60多年间，两个国家之间经常爆发激烈的冲突。自1947年两个国家划定国界以来，残酷的政治力量隔断了两个古老文明古国之间的联系。两个国家的年轻人都没有意识到，在这条新国界两边的他们是多么相似。幸运的是，可口可乐在重建两国文化联系的事业上迈出了很小但非常感人的一步。

在强力宣传下，可口可乐公司在印度首都新德里的一家购物商场里安装了一台交互式自动贩卖机，同时在300英里以外的巴基斯坦的拉合尔市安装了另一台交互式自动贩卖机。两台机器都安装了摄像机，把自动贩卖机前的实时动态影像传送到另一台自动贩卖机的屏幕上。印度自动贩卖机会用活泼有趣的画面邀请路人向巴基斯坦的朋友打招呼，反过来也一样。

一开始的场面有些尴尬，一个有点儿口渴的巴基斯坦女人走向自动贩卖机，紧张地笑了笑，朝屏幕轻轻地挥了挥手。新德里的另一端，一个五十多岁的男人也向她挥手致意。两个人都笑了，坚冰打破。人群围了过来，这时候被挥手动作激活的自动贩卖机会想办法调动两边的人共同完成一些小任务。例如，它会建议"来一张幸福的合影吧"。贩卖机前的人虽然相隔万水千山，但只要让自己在屏幕上的影像和对方"手拉手"，自动贩卖机就会为他们合成一张"合影"。

随着情感的升温，自动贩卖机将出现"跳一段舞蹈"的提示。屏幕这头的巴基斯坦白发老爷爷开始扭动身躯，屏幕那头看热闹的印度人则送上自己的欢呼与掌声，并怂恿一名本地老人上前以舞会友。在一系列互动之后，有人感慨道："我们两国人民看上去如此相似，可是那条国界却让我们变成了仇人。能一起欢笑真好，我们是如此亲近。"可口可乐公司记录下这神奇而感人的一幕。

创造归属感，一直是可口可乐公司的核心品牌价值。一个新品牌创立后，肯定希望创造超出预期的价值。而我们这一次的创新，将自动贩卖机从一种哑巴分销工具变成了维护品牌消费者关系的利器。我们的梦想照进了现实。

那么，从这个案例中，可以总结出哪些经验，运用到其他 B2B 创新项目中呢？我相信，这个案例中有许多宝贵的经验值得总结。

首先，创新项目应该尝试紧盯多个利益相关方的需求，而不是仅围绕着终端用户。仔细剖析那些需求是什么。

其次，排列优先顺序。你应该先解决谁的需求？

然后，在不同需求的交集中寻找解决方案。

我积极拥护以消费者为中心的设计思想，但这种方法对 B2B 创新不怎么奏效，尤其像本章中的案例。在这个案例中，自动售货生态系统中所有利益相关者都是某个环节的"用户"，而终端用户——消费者对创新产品的成败其实起不了多大作用。你必须找到某种方法，为每一个可能决定项目生死的利益相关者，提供相应的价值主张，从而创造一种对现有市场造成全方位冲击的新产品。

谷歌钱包引发的灾难

谷歌是一家了不起的公司，它在很多领域都取得了惊人的成就。但他们也有一个罕见的失败案例，叫做"谷歌钱包（Google Wallet）"。谷歌试图用它取代消费者兜里的皮夹子，把消费者所有的信用卡和优惠卡集成到一款手机 App 上。这是在极度复杂的商业生态系统中进行的一次大胆尝试。据《商业周刊》预计，谷歌在这款数字支付产品上投入了至少 3 亿美元，几年来，谷歌委托了数百名开发商加入这一工程。但最终，这个项目随着谷歌钱包项目团队的解散而彻底宣告失败，这款产品的所有预期的服务都被取消或延期。或许，谷歌钱包的概念有些超前了，但也有很多难以逾越的结构性难题导致了它的失败。现在，它成了一个典型的负面教材，警示着我们忽略 B2B 生态系统中的复杂利益链，将导致怎样的灾难。

谷歌钱包的目标，并不是在支付业务中插一脚，从中赚取手续费。它的目标是建立新的商业毛细血管网，利用用户数据推送有针对性的广告。简单来说，谷歌钱包能够很好地融入谷歌核心商业模式，并会为消费者带来极大的便利。

然而，问题出在谷歌和消费者之间冗杂的支付业务系统之中。支付业务系统中的利益链错综复杂，每个利益相关方都在思考为什么他们要支持谷歌。信用卡公司要从谷歌盘子中分走一大块肉才肯合作。移动运营商认为，手机支付是一座金矿，也是他们未来主要的收益来源，封锁谷歌钱包可以让他们获得更大的利益；拥有近场通讯技术（NFC，Near Field Communication 的缩写，即近距离无线通讯技术。——译者注）的手机制造商寥寥可数，而这项技术是启用谷歌钱包 App 的必备条件。移动运营商的阻挠加上近场通讯技术的缺乏，导致谷歌钱包的安装率低得可怜。另外还有零售行业。该行业在支付业务系统中呈现极度碎片化状态。零售行业存在着成千上万的决策者和触点,渗透起来非常艰难,这让安装近场通讯系统的进度非常缓慢。

  谷歌钱包的本意是方便人们的生活,但这样一个只能安装到少量手机上在少量商店使用的支付 App,又有何方便可言呢?还不如掏出皮夹子付现金。每个中间利益方都需要一个有力的价值定位才肯加入合作,谷歌钱包似乎对这种局面缺乏周密的准备。因此,各利益相关方要么对谷歌钱包不感兴趣,要么认为它挡住了自己的财路。

  总之,在 B2B 商业中,你需要一种复合手段,为创意项目众多利益相关者提供一个多赢的价值定位。

第 14 章
那些误人误己的创新传说

你所知道的这些创新理念：创新跟赚钱无关、创新需要零压力、创新失败是理所当然的、创新不能受时间和金钱等现实条件的限制……错！错！错！这些理念不但误人还误己，因为它们只是传说。

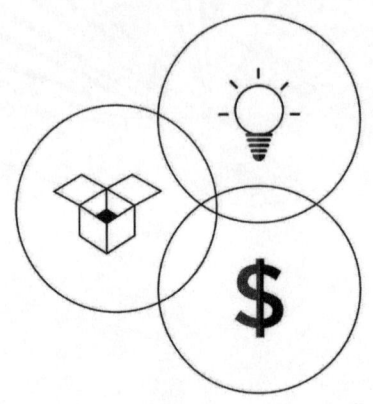

数以万计的创新者在完全不同的任务中获得的经验教训有一个共同特点：它们只适用于特定情况。如果把正确的方法用到错误的情景中，就好比用苍蝇拍划船。创新工作涉及大量活动，在这个过程中，很可能会出现某些"传说"。它们并不是虚假的，但并不具备普适性，它们只适用于某些特殊情况。提出创意本身已经够难了，还要将创意做成创新项目，且取得成功在，这无疑是在做比难更难的事，创新团队一定要警惕这些传说。以下就是一系列被人奉为真理，但误人误己的"传说"。

传说1：如果你满足了市场需求，商业需求就会自动得到满足。 经验告诉我们，这是一条让很多公司付出了惨重代价的谣言，它让数不清的伟大的创意随风飘散。就和我下面要提到的其他传说一样，这条传说虽然仅在"某些时候"是正确的，却被人们当成了普遍性真理。实际上，它适用的情景非常少：仅当你对某种现存产品或业务进行更新迭代时。如果你只需要对去年的产品进行升级，其他一切设备、人员、方法、渠道等都保持不变，那么你就只需关心新的一年的市场流行趋势，对产品进行改良就行。但是，如果你需要开辟一项全新的业务，改变公司的产业价值链，或创造一个新市场，那么仅解决市场需求还远远不够。通常来说，商业需求的问题很少会自我解决。当然，我并不是说，你要减小解决消费者需求的力度，而是说，如果你在解决其他方面问题时力度不够，代价将是昂贵的。

还有一种情况下，解决消费者需求，商业需求就会自动解决，这就是科技创业。但讽刺的是，科技创业经常重复的一句话是：建立消费者基础，钱会自然来。然而，这背后的事实是，用这种方式取得成功的，大多是靠卖广告赚钱。广告商业模式不需要创造，它本来就存在。所以，如果你只需积累一群关注用户就能成功，那你确实只需操心市场需求。届时，你可以凭借网站的流量向其他公司收取广告费。

但作为一条自然法则，如果你希望一支创新团队创造出某种新东西，那么，假设商业问题会自我解决，只会降低你梦想实现的概率。

传说2：考虑盈利性，会伤害创造性。这是另一个特殊情况下的事实，却被错当成了普遍性真理。我发现，在两种情况下，谈论盈利问题的确会扼杀创造性。

第一种情况是，把盈利考量留到创新流程的最后环节。也就是说，你的创新团队当时已经在无视商业模式的情况下形成了一套完整的方案，这种时候介入的盈利问题，就会像锤子一样击碎原来设想。避免这种情况的最好方法是，在项目开始阶段就率先考虑盈利问题。你应该明白，**盈利能力杠杆并非创造力的路障，而是创造力的通行证**。

第二种情况一般出现在这样一种团队身上：他们通常特意被委任进行一项大创新，而不必考虑商业因素。但我要提醒的是，这种高创造性人才应该学会适应在充满商业因素的环境下工作，因为商业因素将直接决定其工作的成败。他们应该把商业因素纳入其创造过程。在沸点公司，对任何创意项目，我们从头到尾都会把创造性视角和商业视角联合起来。

考虑盈利性就会伤害创造性,是一条会"自我实现"的预言。由于这条毫无根据的传说,创新者倾向于避免探讨商业问题,这进一步导致他们忽略创新中的商业因素,并最终导致了项目的失败。我们的经验告诉我,公司最具创造力的天才,同时也是解决商业问题的行家,他们已经具备在坚实商业基础上进行创意的本能。商业因素丝毫没有削弱他们的创造力。事实上,商业因素甚至让他们的创造力更加犀利,为他们提供了额外的强大工具。

不要过分溺爱自己的创造力,不要逃避那些能够直接决定创新项目生死的因素。把这些因素纳入创新流程,你的成功概率将大大提升。

传说3:创造性工作最好在没有压力的环境下进行。这又是一条被歪曲为普遍性真理的特殊情况下的事实。对那些不愿意担负责任的创新者而言,这真是件天大的好事。但无数案例都可以揭穿这条虚假的传说。记住,**只有压力才能成就钻石。**

一方面,巅峰创造力需要没有任何压力的空闲时间,但创造力也可以在其他有压力的情况下汲取养分。无压力的时间期限和有紧张压力的审查相互作用才能诞生巅峰创造力。创新思维是一种反省性思维,它需要摆脱强行进行头脑风暴的压力与干扰。(我们发现,头脑风暴对发现创意的确有一定价值,但这种价值比大多数公司想象的要小得多。)另一方面,压力会点燃并打通大脑中的不同思路。严格的时间限制,会让我们用非常规方式进行思考。这种有时限的创新,反而比无压力的创新更能拓展人们的创造性思维。

当然,良性压力和恶性压力截然不同。恶性压力就是威胁创新者,如果他们完成不了任务就解雇他们。而良性压力则能够激励创新者产生更多创造性成果。良性压力来源包括:功能问责制、设立高标准、鼓励等。比如,问责制意味着人们要对自己的工作和成果负责。在沸点公司,我们希望雇用高创造力和积极性的人才,我们给他们的任务很简单：每天让彼此感到吃惊，让同事兴奋、激动并受到启发。这是一种无与伦比的良性压力。

传说4：如果你的创意足够伟大，任何聪明的团队都能找出它的战略价值、实现方法和盈利方法。哪怕你的创意目标性非常强，你也需要自己解决商业问题。天真地认为会有人替你解决棘手的商业问题，就好比指望泡温泉能治好绝症。如果在创新项目开展之前，你对这些至关重要的问题都没有清晰的答案，又怎么能指望其他不如你熟悉这个项目的人比你做得更好呢？不要一厢情愿地以为你只要想出了伟大的创意，就会有人自动替你搞定后续工作。所以，还是自己肩负起所有责任吧，尤其是创新工作中那些最难的问题。尤其需要谨记的是，创新项目越具有颠覆性，要面对的问题也越难。

传说5：解决消费者问题是创造性工作，但解决商业问题不过是弄清楚一些细节的工作。当你开始为结果努力，为决定项目成败的细节劳心费力，就会发现创造力的重要性。创造力无论在哪儿都很重要。解决商业领域看似无法解决的难题时，我们同样需要使用解决消费者需求时一样的想象力。认为解决商业问题不需要太多创新思维是个大大的谬误。在很多创新项目中，最聪明的人常常在商业定位确定后就能拿钱走人，这样荒谬的现象实在太普遍了。虽然早些年我们也是这样做的，但我们很快就改变了做法。

传说6：洞察力是大量研究工作的结果。再次强调，这是一个被错当成普遍性真理的偶然事实。洞察力是人类神经突触的结果，它让我们发现了事物之间的新联系和掩藏在表象之下的真理。我发现，激发创新的最佳洞察力，大概有一半是来自研究，这是因为我们追求的那个神经突触，正好发生在某个搞研究的人的脑子里。但另外一半的洞察力，是沉思的结果。研究能提供大量有价值的信息，但仍需要进一步挖掘那些数据和文字下隐藏的深层意义。把洞察力看成神经突触的过程,而不是研究结果,可以让人们进行更深入的思考。不同地问"为什么",不停地深挖,大家就不会在研究工作结束时就理所当然地以为洞察力发现工作也跟着结束。

传说 7:我们不应该严苛考察刚诞生不久的创意。"魔法与金钱"模型完全不会干这种事。我们非但不相信那套鬼话,而且特别注意随时把创造力和严苛的建设性批评融合在一起,这正是我们提高创新成功率的法宝。我们不断问自己那些迟早必须解决的问题,以此来淬炼手头的创意。如果没有这种批判性思维,那些留到最后的难题会让整个项目功亏一篑。

我们的方法明显与奥斯本于 1948 年提出的头脑风暴原则背道而驰。遗憾的是,我们的许多同行至今依然在创新工作中把这个陈旧的理论奉为圭臬。无论是研究理论,还是实际经验,有太多证据可以证明,我们的方法比头脑风暴法有效得多。至少对我们而言,辩论的价值是毋庸置疑的。

为了避免在不适当的情况下运用这个原则,我还是把话说清楚一些:除非你有一些值得争辩的东西,否则不要去争论。但如果你抓到一点把柄,就千万别放过。不同观点之间的适当张力,是创造力的巨大来源,如果秉持"不批判"原则,你就会丧失一部分创造力。放弃"不批评"原则,你的团队或许就能一飞冲天,但请注意,辩论时的气氛应该是友好的。

传说 8:创新的光荣之路上,应该尽早制造出产品雏形。我是产品雏形的狂热爱好者,我们做过很多这种玩意儿。但我还是觉得很奇怪,为什么那么人会在连自己想要什么都不知道的情况下,就急着拿出产品雏形原型。诚然,如果运用得当,产品雏形就是项目进程的加速按钮,它可以让我们修正错误,为产品走向市场铺平道路。但大多数情况下,产品雏形只不过是一个昂贵、费时、干扰人注意力的东西。

它让人们把注意力转移到一些细枝末节上，反而对一些更大的机会视而不见。如果你已经有一套完整的策略和坚实的商业基础，可以保证你在婴儿勺子市场大获成功，那么制造出一个理想的勺子雏形将是一件非常有价值的事情。但令人奇怪的是，大多数人在完全没有明确的商业策略的情况下，就一次次制造产品雏形。他们似乎以为，如果能制造出一个完美的产品雏形，就会有人来搞定其他全部问题。

不过，项目投资人会因为你搞错了一个产品尺寸而彻夜难眠吗？还是说他会一直犹豫，你的项目究竟值不值得继续烧钱？你的核心消费者价值定位足够准确吗？他们主动拿起产品，赞叹你设计的外形多么具备艺术气息吗？这个价值定位足够引导你完成最终产品吗？在理想情况下，"边做边想"产品雏形非常可取。但在很多情况下，着迷于产品雏形只能给雏形制造商带去利润，而公司自己却得不到多少好处。因此，在大多数情况下，"想了继续想直到想清楚"的做法会更有效。

传说 9：失败是成功之母。在现实中，这句话堪称箴言。但这句话已经被扭曲到了无以复加的地步。它被误用、滥用，并给了那些不顾一切想要让投资人的钱打水漂的的人有了自我感觉良好的借口。事实是，这句话只在某些情况下是对的，但要知道，创新的目的不是失败。通过成功创新给市场带来新理念或新产品，才能让公司的业绩增长。所以，这句陈词滥调是时候翻页了。

第 15 章
适度失败才是成功之母

2005年,在争夺滑雪世界杯冠军的途中,博德·米勒跌倒或未能完成比赛的频率比其他选手高,高达30%。最终,让博德赢得冠军的不是那30%的失败,而是那70%的成功。

百思买试图让自己旗下的热线娱乐公司签唱片艺人,可惜未能成功。项目负责人詹妮弗·沙德勒不仅敢于承认自己的错误还与人分享失败教训。这种被很多企业高管会视为"自杀"的行为,才是创新失败的真正价值所在。

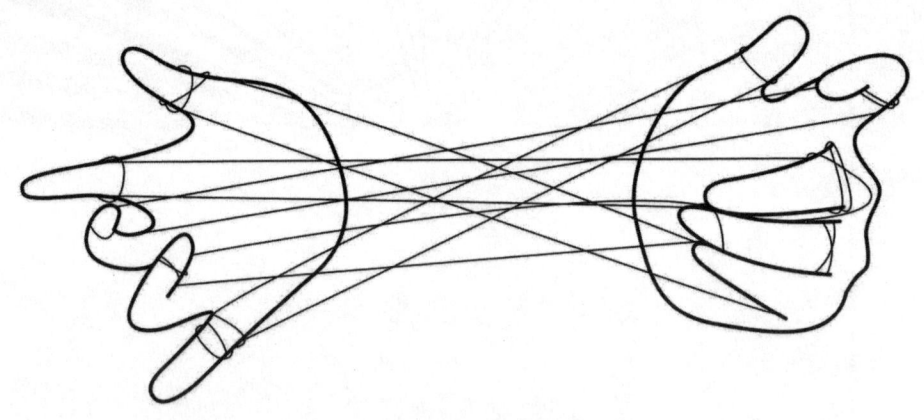

最近，失败的创新的价值几乎被人捧上了天，一大堆关于创新的书和文章都在赞颂它。我觉得有责任站出来表达一些不同观点，如果幸运的话，我希望能够为人们提供一些理性的思辨。

屡败屡战一点也不光荣

创新就好比现代商业的极限运动，巨大的挑战迫使我们从大量不确定因素的包围中杀出一条血路，翻过高山，跳过峡谷，寻找道路。在这条路上，会有一系列亟待解决的问题接踵而至：

◆ 创新的策略是什么？
◆ 洞察力是什么？
◆ 目标是什么？
◆ 产品类别是什么？
◆ 价值定位是什么？
◆ 产品是什么？

- ◆ 价值链是什么？
- ◆ 竞争优势是什么？
- ◆ 风险是什么？
- ◆ 回报是什么？
- ◆ 我们还忽略了什么？

只要一步走错，就可能浪费整个团队几个月的心血，眼睁睁地看着自己的雄心在这项极限运动中被摧残得只剩下一地碎末。

每天规规矩矩地早起，一遍一遍地投入创新工作，这绝对需要大无畏的精神。失败的可能性永远都存在。勇敢无畏，是创新成功的必备要素。害怕失败，就会在思考过程中放不开手脚；永远待在舒适区，创新能力和项目就不会有进展。然而，年轻一代似乎被过度保护，他们已丧失了从失败中成长的信心。没有逆境挣扎的经历，从长期来看是有害的。

在创新界，失败是家常便饭。所以，这个行业的人们需要无所畏惧的性格。然而，在对待失败方面，我们表现得一塌糊涂，这一点非常讽刺。我以自己的名誉起誓，我完全拥有那种无所畏惧的性格。但一个问题还是没有解决：创新失败，真的像人们认为的那样益处多多吗？

爱德华·赫斯是弗吉尼亚大学达顿商学院工商管理学教授，也是一名颇具盛誉的作家，出版过10本书，发表文章不计其数。在《福布斯》杂志刊登的一篇文章里，赫斯就创新失败这一问题反驳了许多传统观点。"我和我的同事珍妮·利特卡教授一起，花了17年时间研究创新的领导者、系统和流程。我们发现，创新者需要一副这样的头脑：不仅无惧失败，还能把对失败的恐惧转变成探索和体验式学习的乐趣。我们同时发现，在绝大多数情况下，失败是必要的，只有通过低风险的实验，才能获取足够让项目走向最终成功的经验教训。如一位创新领导者所言：'我们庆祝成功，我们安慰失败，我们开除那些害怕再次尝试的人。'"

从最本质上讲，包括我在内的所有创新界人士都会同意赫斯的话。永不满足的探索精神，可以为好奇心插上翅膀，并激励我们不断追寻，不断探索万事万物的可能性，从泥沙中淘出真正的黄金。

然而，尽管上述观点我举双手赞同，我赞同对创业公司而言，失败的经历是宝贵的；但是我越来越意识到，人们在庆祝失败这一点上走得过远了，以至于分散了对一些更重要问题的注意力，比如创新过程中的难题和它的投资回报率。

多年奋战在一线的经验告诉我，世界上有两种公司：一种尝试过足够多的创新，一种则没有。对于没有尝试足够多创新的公司，他们应该迅速认识到失败的可贵和价值所在，这一点非常重要，因为他们经历的失败还远远不够。

但是，对于那些在创新上屡败屡战的公司，很明显，他们的问题并不在于害怕失败，而是在于失败本身。他们尝试得已经足够多了。投入资金，竭尽全力，无所畏惧。他们不需要再做任何无畏的尝试，他们需要的是大量尝试换来的成功。他们需要的不是从此变得更加谨慎，逃避风险，而是找到一种能让自己的努力获得回报的方法。

对这些公司而言，告诉他们失败是伟大的，或许能让他们好受一些，这样他们才能继续坚持。但坦白地说，总是摔倒在同一个地方真的不是什么值得骄傲的事。失败不会带给任何人好处，无论是那些尝试解决问题的人，还是那些不停地为此签支票的人。我们应该早点和他们谈谈失败的问题。

最近，我和三星创意部门的负责人卢克·曼斯菲尔德聊过失败的价值。卢克是创新界的老兵，和许多不同领域的人合作过，其团队在创新工作中成功率非常高。我问他，当听到别人总是吹嘘失败的价值时他作何感想,卢克毫不客气地说:"现实是,创新已经成了一个热门职业,吸引了大量无法带来任何实际价值的人。他们紧紧团结在'失败是成功之母'的旗帜下,把自己的失败合理化。这就好比一场洪水摧毁了整个镇子,然后有人跳出来说,这场洪水对农作物是有益的。很抱歉,我实在看不出到底哪里有益。"

没错,恐惧失败是走向成功的阻碍,但庆祝失败同样无益。所以那些公司急需的,不是粉饰失败的华丽修辞,而是起死回生的苦口良药。

请问自己一个问题:你的公司在大胆尝试创新方面已经做出了足够多的尝试吗?如果答案是否定的,那么请拥抱失败,克服恐惧,继续勇敢尝试。但是,如果像大多数公司一样,回答是肯定的,你的公司因为增长的需求,已经在创新领域进行过大量尝试,虽然鲜有胜绩,但仍在屡败屡战,那么,对你而言,创新失败就不是什么光荣的事了。它是潜伏在办公室角落的盗贼,正伺机偷走股东的股息,偷走你的午餐,偷走你的升职机会,偷走你孩子的大学学费。别害怕失败,但也别拥抱它。毕竟庆祝创新失败,并不会为你带来命运的垂怜。你应该找到打败它的方法,提升创新成功率。

失败不是世界上唯一的老师

思考过自己究竟失败得太少还是太多后,我们该接受这样一种现实:**仅在适度的情况下,失败才是成功之母。**

2005 年,在争夺滑雪项目世界杯冠军的途中,博德·米勒(Bode Miller)跌倒或未能完成比赛的频率比其他选手高很多,他在近 30% 的巡回赛中冲出了赛道。这是他拼命想赢的征兆,他在不断挑战速度与技术的极限。然而,让博德赢得冠军的不是那 30% 的失败,而是那 70% 的成功。实际上,这也是我们在创新工作中需要的精神:通过足够的失败去探索自己的极限，但同时取得很多成功。赫斯教授的观点在大方向上没错，但如果失败率高达90%，那一定是出问题了。如果换成任何商业领域，如此高的失败率，绝对是头条新闻。如果你告诉我哪位滑雪选手在90%的赛事中都会摔倒，那我敢肯定地告诉你，他早被自己的滑雪队开除了。

创新之路充满坎坷，但人类在面对艰难挑战时，从来不缺乏努力的勇气。开颅手术是困难的，反恐是困难的，火箭发射真的和登天一样难，但这3件事情，没有一件事情的失败是值得庆祝的。适度失败才有意义，而今天的绝大多数公司，失败得有些过头了。他们为自己长期的失败付出了高昂的代价。

仔细观察你会发现，人们对产品迭代和失败的界限划分是比较模糊的。产品迭代是一件很了不起的事，它是大多数成功创新的基石。把一样产品从1.0版本升级为2.0版本，当然不是失败，而是产品迭代。在把产品升级到2.0版本途中就耗尽了时间和资金，导致项目没有取得任何回报，这才是失败。别再把产品迭代和失败混为一谈。产品迭代是好事，失败才是坏事。

还有一个关于失败的谣言，就是失败蕴含着所谓巨大的教育价值。

多年来，沸点公司与世界上许多伟大的公司有过密切合作。我们发现，创新失败除了会让你付出高额的学费外，再也不能给你更多其他东西。问题出在人性，尤其是在职场和公司政治中的人性。成功时我们恨不得全世界都知道，失败时则尽量保持低调。如果经验教训的价值大小，取决于它在公司传播的范围，那么相比成功的经验，失败教训的传播范围显然小得多。

知名创新网站InnovationExcellence.com可以印证这一点。它有一个"失败论坛"，其中有一篇文章，写的是百思买集团雄心受挫的故事。百思买试图打造自己的垂直一体化娱乐业务，想为旗下的热线娱乐公司（Redline Entertainment）签约唱片艺人，然后通过竞争对手的零售渠道进行传播。可惜，愿望很美好，现实很残酷。这篇文章最让人吃惊的，并非这个失败项目本身，而是百思买就这次失败经历形成了专门文件，并进行传阅学习。对此，作家马特·亨特说："该项目的负责人詹妮弗·沙德勒的故事之所以独一无二，在于她不仅敢于承认自己的错误，而且把它形成专门文件，与组织中其他人分享。很多企业高管会把这种行为视为自杀，但詹妮弗不这么认为。"

创新界需要更多的詹妮弗·沙德勒，但这种人实在太少了，所以对于失败教训的传播和学习现象也很罕见。

我在指导宝洁公司新产品项目的10年中，也发现了相似的规律。成功案例会从世界各个角落定期飞到我的办公桌上，但失败案例则从来不现身。在我看来，宝洁公司从来都不惧失败，而且是世界上最擅长学习的企业。学习型文化和不惧失败的勇气相结合，应该形成一种让失败的教训迅速广泛传播的风气，然而事实并非如此。成功案例又多又喧哗，你不可能忽略它们。而失败的教训即使在传播，也是偷偷摸摸地进行，所以我从没见过它。

失败确实能让人汲取到宝贵的教训，但切勿神化它。失败不是世界上唯一的老师。成功经验的教育价值一点也不比失败小，而且无副作用。另外，成功可以带来收益，且免去了昂贵的学费。

可避免的失败 vs 不可避免的失败

失败并没有好坏之分，想要成功就必须找出那些失败的不同点。从项目负责人的角度看，失败分两种：可避免的和不可避免的。

让人更能接受的是不可避免的失败。或许你的创意太超前，消费者还没有准备好接受它。这种情况下，除非放手一试，否则你不可能知道答案。或许是不可预见的外部因素摧毁了你的理想,比如全球经济衰落导致项目资金流失,竞争对手的突然动作让你的项目失去了价值,公司规章改变断了你的前程等。

而原本可以避免的失败则不那么让人好接受。我们曾亲自品尝过"不可预见因素"的苦果。我们为古驰旗下的法国珠宝店宝诗龙,在奢侈品零售领域创造了一个突破性概念——举行了一场名叫"欲望"的杂技展会。宝诗龙具有 150 年的悠久历史,曾备受拿破仑三世的情妇和某位波斯君主的喜爱。我们紧紧围绕宝诗龙的品牌历史,运用舒适惬意的吧台和珠宝专柜,打造了一批可移动集装箱。

这将是珠宝行业中,第一个围绕独特的娱乐体验而精心打造的奢侈品移动零售模式。展示会和商品交易会将在美国各大城市进行,旨在把宝诗龙的品牌故事和精致珠宝带给那些衣着考究的人群,而不是等着他们主动前来。

为了促使这场展会的顺利举办,我们还和著名马戏团 Spiegelworld 合作。他们将在一个 19 世纪的镜子帐篷中表演。同时,我们将进行一项非常艰巨的任务,把这个零售新概念从理论变为现实。

经过一年的紧张计划和筹备,我们把这个商业模式定位为"世界第一个移动高端珠宝销售",并针对许多重大问题提出解决方案,比如,想办法保障价值连城的珠宝在公共空间的安全,为展示会设计新的珠宝珍藏馆,维护宝诗龙和 Spiegelworld 之间的关系,监督建筑工地的施工进程。

随着展会日期临近,我们全力以赴。为了盛大的开幕仪式,我们的设计师贾里德·理查德森和汉娜·奥布雷把邀请函、节目表甚至酒吧饮料单的细节做到了极致。另外一位设计师内杰利科·卡尔洛维奇,对这个项目也充满热情,他甚至把自己为宝诗龙设计的新 LOGO 纹到了胳膊上。宝诗龙至今仍然在使用那个 LOGO。

为保证如期完成，沸点公司的初创人员之一，哈里·斯梅尔，拿着画刷爬到一个改装成珠宝精品店的集装箱顶部，光着膀子，顶着8月的骄阳，进行着最后的工作。我们不计一切代价，只为得到最想要的结果。这是对我们公司文化的一次考验。

盛大的开幕之夜如期而至，我们把第一场展会的地点选在了毗邻华尔街的纽约南街海港。未来数月，成千上万名腰缠万贯、年终奖拿到手软的金融家，将会享受一场投其所好、难以置信的高度声色娱乐体验的盛会。他们会喝上几杯酒，然后买上一点儿昂贵的小玩意儿回家。

《纽约时报》剧评家本·布兰特利诗意地描述了那场展会："'欲望'展会，让人想起了美好的往昔。那时候，夜店和舞蹈滑稽剧，与其说是一种表演和倾诉，不如说更是一种撩人的承诺。"游客们从表演场地走到酒吧，再走进珠宝精品店，商家的收款机一直兴奋地响个不停。而我们已经在提前考虑未来4座城市的巡回展出了。

然而，展会第十九天，华尔街爆发金融危机，屹立百年的雷曼兄弟公司轰然倒塌，并把全球经济一起拉下了水。一夜之间，金融家们的年终奖化为了雪花般的辞职函。世界经济大厦摇摇欲坠。于是，在可预见的未来，我们为华尔街人士精心打造的展会不得不中止。展会的投资需求和预期成本都没有改变，但风险却呈指数增长。唯一理性的决定，就是关闭展会。

这是一种失败吗？按我们自己的定义，是的。它是一个野心勃勃的愿景，我们和客户为此投入了大量的资源。然而，在它产生预期的商业影响力之前，形势突然急转直下，局面失控。这场失败是高贵的、英雄主义的或了不起的吗？我们不这么认为。相反，我们感到心烦意乱。但是，很明显，它是一场不可避免的失败。它是失败不在于人为的疏漏，而是在一些不可控的因素上。

对于这种可避免与不可避免的创新失败，卢克更进一步发表了他的观点："我们都听过,许多失败的创新者喜欢以一种宿命论的调调来描述自己的故事……但大多数情况下,事情都是因为可控因素失败的。责怪命运总是更容易,但这是在逃避责任。当你近距离观察时会发现,大多数失败都属于风险管理的失败。"

原本可以避免的失败通常是由于你的失误而导致。比如,你没有向公司股东或项目投资者提出有吸引力的商业提案;你没有管理好项目的风险回报率;你忽略了公司的能力范围;你提出了一个根本不可能制造出来的产品;你的产品构想很好,但经济模型有缺陷;你的产品和公司战略相抵触,不一而足。而这些失败都是可以避免的,所以是不可接受的。

如果你是个项目负责人,那么分清哪些失败是可以避免的就非常重要。你可以通过修正方案、改变模型和提升团队能力来避免它。或者干脆对创意进行改装,直到得出最好的那个。

如果你是公司的领导,而不只是项目负责人,那么你可以用不同的方式来区分不同的失败。你至少应该从 3 个方面来衡量:

总管道影响率。这是最重要的衡量标准。相对于增长需求,它衡量的是全公司或全部门的创新努力所产生的实际回报和利润增长率。它可以表明,从总体上看,你是否为公司业务带来了足够的创新收益。一系列小的成功和一个可遇不可求的大成功都可以让你达到目的。一系列重要的成功和一堆无关紧要的失败也可以让你得到较高的总管道影响率。

市场命中率。即公司创新产品在市场中取得成功的概率。它衡量的是创新产品通过公司的重重考验后,在市场上取得了什么样的成果。是大受欢迎,还是遭遇冷眼? 不同行业会用不同眼光看待这些失败。相比创新项目在公司内部的失败,产品在市场上的失败更容易被公开,因此很容易在公司内部造成大范围影响。

创新产品在市场上的失败具有多重意义。相比"快速且便宜的失败",大多数公司更在意的是"私下而非公开的失败",因为在市场上,失败是非常不受欢迎的。万一备受瞩目的产品遭遇失败,在表面上,公司高层倾向于赞扬这次勇敢的尝试,并且把其失败作为公司活力与勇气的象征,但在内部会议上,就会进行激烈的争论与深刻的反思。有的公司把产品在市场上的受挫归,咎于创新团队的失败;有的则把它看成研究工作的失败,或市场定位的失败;有的认为它是市场营销的失败。实际上,有的产品因为缺乏好创意,只能在边缘市场小打小闹,这样还不如不上市。虽说产品上市很光鲜,但后续的麻烦就无止无休。

项目成功率。即把创新产品交付公司生产线准备推向市场的概率。如果失败项目过少,说明你太过谨慎;如果失败项目太多,那么可能是你的方法论、策略或能力有问题。项目成功率衡量的是项目组的努力程度,失败率是否维持在常规水平,已经是否有一堆修正工作等着你做。

通过以上3个衡量标准,我们就可以根据不同的特点对创新失败进行分类了。同时,从这3个维度考察公司的创新工作,你就知道自己做得怎么样,有哪些需要提升或修正。当然,还有许多其他的衡量方法。比如,成功创新的规模是越来越大、越来越小还是维持不变?你的项目从想法到实际产品的周期有多长?另外,还有最重要的投资回报率。

本节的核心思想是,并非所有失败都是一样的。有的失败有价值,有的则无。了解这一点,对提高创新成功率很重要。如果只是一味说"失败乃成功之母",并不会真的为你带来成功。

建立创新责任制

如果 F 代表失败(Failure),那么相应的,它背后还有一个以 A

开头的单词：责任制（Accountability）。某一创新项目的成败，究竟该由谁来负责呢？创新是一项团队工作，其责任如此重要，却难以置信地被人忽视。

缺少责任制，任何努力都白费。无论是小学、联邦政府、你喜欢的足球俱乐部还是公司的关键部门，都是如此。如果没人敢于接受问责，就很难做成事情。

创新缺乏责任制的部分原因，已在第 11 章讲过，即创新策略的制定者和执行者通常不是同一批人。策略制定者会把责任推到创意和管理执行上，而执行者则会埋怨策略不靠谱。

但责任制缺失的深层次原因，与今天被广泛运用的商业模型的结构性缺陷有关。这些年来，设计思维为创新界带来了许多宝贵的经验，但它也在无意中造成了责任制的缺失。并不是执行人员的问题，而是商业结构本身的缺陷所致。由于这个模型过于关注消费者的需求，所以直到项目后期，项目组才会着手解决商业需求。这相当于说，项目组只要给公司展示一件消费者喜欢的产品，就算出色地完成了任务。至于公司是否真的能生产出这种产品，或者产品上市后能不能赚钱，项目组概不负责。这个模型能够深入发掘潜在消费者需求和与之匹配的创意，但对项目投资者的增长需求却无能为力。

通过践行一箭双雕式解决方案，沸点公司过去几年的创新成功率一直维持在 60% ~ 80%。一箭双雕式解决方案是解决创新责任制缺失的方案之一。它让创新团队既对消费者需求负责，也对公司商业需求负责。如果一个创意只符合消费者需求，但不符合公司商业需求，就无法通过检验。反过来也一样。

为了更好地执行责任制，我们设计了一种浮动的薪酬结构。如果客户不满意，我们就不会索取任何报酬。我们这样做，并非有必胜的信心，而是因为我们坚信，责任制缺失会导致高失败率。如果责任制只是一句空话，又怎么能让创新团队提高成功率呢？

卢克·曼斯菲尔德相信，要让三星团队的创新成功率达到一定值，就必须严格实施责任制。"除非事关个人利益，否则无责任制的工作将很难推进。自我利益永远是人类最强烈的动机之一。而个人对结果负责，则是一切的开端。"

捏碎气泡保护膜

银行救助计划会对银行家的心理和行为产生怎样的影响？关于这一点人们一直争论不休。既然失败不会致命，那为什么不为了超高的回报率而以身犯险？

虽然每个人的创新动力都不一样，但如果认为一遍又一遍的失败对创新者毫无影响，就太天真了。在一遍遍听到"失败是好事"后，我很担心这会降低创新者对成功的渴望。毕竟，创新者也是人。我们的成功经验显示，结果驱动型的氛围非常重要。

审视未完成的创意是一件刺激、有趣、让人期待好运的事情。我们看到，一些聪明的年轻人加入了我们的队伍。当被问到为什么加入时，他们会说他们就是喜欢到处寻找创意。这是一个危险信号。我们都喜欢好创意，但靠在椅背上信马由缰地放飞思维，并不是真正的创意工作，至少不是有效的创意方式。这些年轻人吃了一番苦头才发现，产生创意时的灵光一闪不难，难的是只有最优秀的 5% 的创意能成功。实现伟大的创新真的很难。

如果一直歌颂失败的好处，那么我们的草原上就会站满独角兽。有些梦幻般的创意，注定无法改善人们的生活，也不能为公司带来业绩增长。因为它们是空中楼阁，受到气泡膜的保护，无法变成产品，也无法应对利润至上的现实。

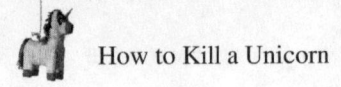

如果失败是好事，那么我们就只需要关心有趣的"创意性"问题，而不必操心那一长串让人头疼的"可行性"问题。

创新者每天都要生活在失败的可能性中。现在，让我们停止对失败的隆重庆祝，坦白地承认，我们的创新成功率实在不值得庆贺，而且一再摔倒在同一个地方一点也不光荣。事实上，失败很糟糕。让我们尽量避免失败。这样才有可能提高创新的投资回报率。

太多公司尝试得够多了，是时候开始品尝成功的味道了。

第16章
创新中的柔道术

苹果公司震撼人心的想象力,来自科技与人性的碰撞;维珍航空大胆的创意,源自死板的商业模式和叛逆精神的碰撞;感恩而死乐队逼人的才华,来自模式化的传统歌曲与率性而为的即兴创作的相互碰撞;HBO频道的《黑道家族》的热播,源自深不可测的黑帮与平凡家庭之间的冲突故事。创新的能量,就蕴藏在这些冲突中。

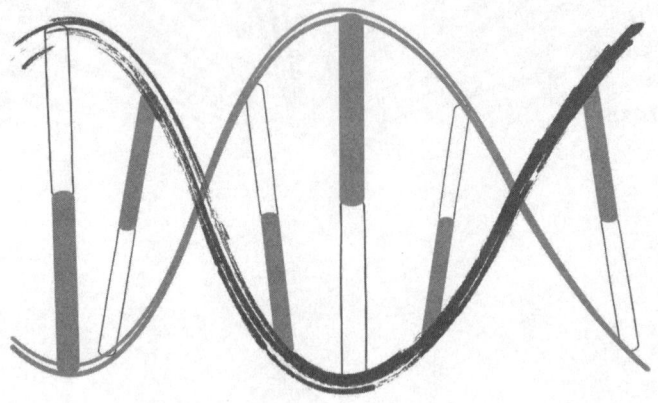

冲突产生能量

世界上很多令人叹为观止的创意,都源于两股相反力量的碰撞。民主源于自由和政府管理之间的冲突。怎样既让人享受自由,又得到政府管理的好处?民主诞生前,这个问题几乎无解,因为这两个选择看上去相互矛盾。所以,只要创建一种新的政治制度,让二者和平共处,你就能改变历史。(图 16.1)

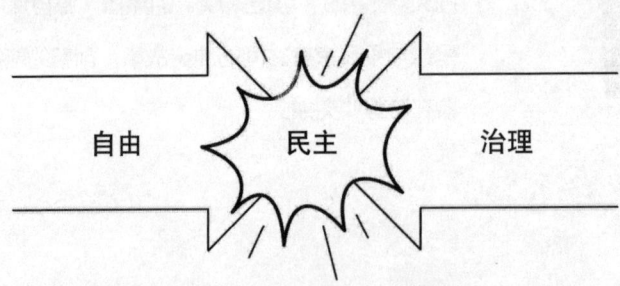

图 16.1　民主诞生示意图

被我们称为"可以产生能量"的冲突随处可见。比如,苹果公司震撼人心的想象力，来自科技与人性的碰撞；维珍航空大胆的创意，源自死板的商业模式和叛逆精神的碰撞；感恩而死乐队（Grateful Dead）逼人的才华，来自模式化的传统歌曲与率性而为的即兴创作的相互碰撞；HBO 频道的电视连续剧《黑道家族》的热播，源自深不可测的黑帮与平凡家庭之间的冲突故事，比如爸爸瞪了女儿男朋友一眼。

为解决这些冲突，我们首先不应该把它们看作无法避免的矛盾，而应当成为通往新世界大门的钥匙。

在这方面，柔道可以为我们提供一些灵感。柔道的基本理念是，当一股强大的力量正面来袭，与其正面对抗而陷入僵局，不如避开它，利用它，把它导向对你有利的方向。在践行把科技人性化的使命中，史蒂夫·乔布斯拥有自己的独特想法：利用新增技术消除产品体验中过重的技术痕迹，也就是说，取消按键和复杂的指令。这就是柔道。

在化解冲突的过程中，如果第一步是把事物之间的矛盾或冲突看成可利用的资源，那么第二步就是找到有效的结构和技巧来利用这种资源。民主需要三权分立的权利制衡机制；苹果公司需要连接科技与人性的便捷设计；感恩而死乐队需要一种新技术，可以让 5 种乐器同时演奏，又显得和谐一致。无论你身处哪个行业，都是组织结构和技术赋予这些矛盾或冲突以价值、可重复性和可扩展性。那么，这一切和创新有什么关系呢？

在回答这个问题前，先说一下我们"金钱与魔法"模型的诞生过程。实际上，构思"金钱与魔法"模型并不难，只需认识到以消费者为中心的创造力和商业之间存在巨大的鸿沟即可。在寻求能够带来丰厚利润的创新突破时，我们需要在鸿沟两边架起桥梁。但世界上没有一家公司或一种理论可以促成这件事。于是，"金钱与魔法"模型应运而生（图 16.2）。

图 16.2　一箭双雕式解决方案诞生示意图

以消费者需求为中心的设计思维的确比之前的旧模型都要先进。但是，当创新的重心从以商业需求为中心转到以消费者需求为中心后，又产生了新的问题。旧模型提出的创新，符合公司的商业策略和运营条件，但消费者不买账；设计思维提出的创新，虽然受到消费者欢迎，但商业上的可行性太低，利润太少，且像一场艰苦的拉力赛一样漫长。这是因为它缺少策略和商业基础的支持。虽然它比旧模型要好，但也没能从根本上解决问题。它让太多公司和创新者失望。

有人认为，以消费者需求为中心的设计思维之所以失败，是因为它尝试把横向思维整理为一种拿来即用的企业流程。作者布鲁斯·努斯鲍姆是设计思维的早期倡导者，针对《快公司》杂志上一篇认为"设计思维是一次失败的实验"的头条报道，他评论道："信奉设计思维的设计咨询公司，实际上是希望利用某种流程就可以产生重大的文化和组织变革……就如很多设计思维的实践者意识到的，这种方法的成功率很低，非常低。"

前《彭博商业周刊》编辑海伦·沃尔特斯，现在是 TED 的创意编辑，也持相似立场："即便给创新工作披上华丽的设计流程外衣，也很快会受到内部官僚主义和政治因素的阻碍。实际上，正如我们所看到的，设计师会因为自己最终沦为'便利贴制造机'而深感挫败,管理层则认为自己被忽悠了。"

我同意这种把创造力当成固定流程并打包出售的想法,但在创新前线奋战多年的经验为我们指明了一条更光明的道路。从本质上说,设计思维根本不是为商业成功而生,因为它强行引入了一种人为的等级制度:认为消费者远比公司重要。当然,反过来过分强调"公司优先"也不可取。在把创新推向市场的过程中,单方面强调消费者需求或公司需求,都行不通。

于是,沸点公司将二者结合在一起,找到了解决方案:既然设计思维被规范化了,那么如果我们想用一个更高效的模型取代它,就必须解决设计思维暴露出的问题。摆在我们面前的唯一符合逻辑的道路,就是充分利用以消费者为中心的创新模型,同时引入对商业现实有着深刻理解的创新策略,将二者合二为一。实际上,我们不只从理论上实现了飞跃,更成了实践这种理念的先驱者。

有趣的是,在反思设计思维的缺陷时,我们的观点和多伦多大学罗特曼管理学院的罗杰·马丁提出的综合思维不谋而合。综合思维不是一种创新模型,而是马丁在研究高效能公司领导者时发现的一种普遍规律:"在面对几个矛盾的模型时,如果它们相互不兼容,又没有一个能够令人满意的答案,那么大多数人会倾向于两害相权取其轻。而杰出的领导者会利用这种冲突产生的创造力,提出一种更好的新模型。我把这种模式称为'综合思考'。"事后来看,综合思维具备设计思维不具备的某些优点。

在面临选择时,人们会掉进设计思维的陷阱,把消费者需求放到商业需求之上。然而,对我们而言,正确答案并不是二选一,而是一箭双雕。用马丁教授的话来说,我们利用这种冲突,提出了一个更好的模型。

几大创新法则

起初,"金钱与魔法"模型只不过是源于直觉的假设。它并不具备可操作性,更别说可重复性。那时候,我们知道自己正处于未知领域,必须自食其力地把一切搞明白。我们没有成熟的理论,也没有可以把几种不同能力整合到一起的工作模型。目前这个有效的、可扩展的"金钱与魔法"模型,是我们不断摸索、不断犯错、不断修正的结果。这也就是为什么我在本书中告诫读者,不要做的和要做的一样多。我不是要贬低原型法和迭代法的价值,我们只是想找到更好的工作方法。

以下几条法则,可以把"金钱与魔法"模型从理论转变为可以实现突破性创新的可扩展流程。它们是一系列创新法则,可以将人脑无拘无束的创造力和严格的商业需求强强联合。

创新法则1:营造一种成果导向型文化氛围。沸点公司的每位成员都深刻地明白,单凭金钱或魔法都无法取得成功,我们只以成果论英雄。整个团队都为项目的最终成果负责。无论是对负责创意("魔法"组),还是对负责商业分析的小组("金钱"组)而言,这都是双方的共识,也是共同的目标。这种文化氛围让"魔法"组合"金钱"组相互配合。所有人的精力和才华像激光切割刀一样,目标一致、相互依赖、高度凝聚在一起。

这里有一个值得注意的问题:你所追求目标的清晰度。如果目标模糊,那么"以目标为导向"就是一句空话。创新过程中,你会听到很多对成功的荒谬定义,比如"我们是来学习的","我们是来教育别人的","我们是来探索的","我们的目的是让消费者的生活变得更美好","我们要做的是公司其他人做不到的"……当然,这些都没错,但都不够具体,也不够全面,所以只是美好的意愿,并不是真正的目标。现在，我们得把话说得更清楚一些：

> 我们要的结果，是将一个一箭双雕式的解决方案嵌入客户的创新管道。

我们的目标是为客户找到一个一箭双雕式解决方案。这个目标很清晰，而且不断被强化。目标如果得不到强化，就会枯萎甚至凋零。正如我们的联合创始人杰夫·武莱塔所言："宗教之所以管用，是因为每个周日你都会想起它。"如果没有这种深厚的成果驱动型文化，沸点公司也不能将高创造力和高盈利能力结合得那么完美。

创新法则2：流程在它管用的地方真的很管用。经过不断试错和修正，我们形成了规范化流程。现在，这个流程已开始稳定地产出项目成果。尽管如此，我们也很谨慎地避免过分夸大流程的作用，因为一切的关键在于最后的结果，而非追求结果的过程。为此，我们告诫团队，我们可以按照自己的需要，更改和调整流程。虽然流程的确很有效，几乎未被改动，但我们明白，流程只是一种追逐结果的手段，结果才是唯一的目的。

接下来，我就简单地为读者们介绍一下那个流程吧。

第1~4周：双管齐下。通过商业人类学或其他定量或定性的研究，从两方面同时开展工作。深入消费者的生活和内心，同时对商业现实进行同等程度的深入研究。把对消费者的洞察力和商业洞察力聚集到一起，进行辩论和整理，为制定综合策略做准备。在这一阶段，表面上是"金钱"组负责商业部分，"魔法"组负责消费者部分，但实际上存在一种高度的异花授粉过程：一个小组的发现经常会照亮另一个小组的探索领域。在这个阶段,我们都会和客户密切配合。然后,在前期研究的基础上,把相关者的利益点、竞争环境、同类产品和灵感来源汇聚起来。

第4～8周:创新策略综合。对消费者的洞察力、对公司的洞察力、对产品类别的洞察力和对渠道的洞察力,都从广泛的初步调查中提炼而来。通过这4个过滤器,我们大大缩小了发想创意的范围。从本质上说,创新策略是所有消费者的问题、需求、期望和商业的问题、需求、运营能力、设备之间的交集。它为我们排除干扰,选择战场,把项目的意图和公司的策略联系起来,并估算出成本。这就是为什么我们相信,把创新聚焦到一个特定领域可以为商业带来预期的增长。

在形成策略的同时,我们会拟定三四条商业假设,作为从策略到发想创意的跳板。

第9～12周:发想创意。任何创新流程,在初步探索后,就到了发想创意阶段。我们在这方面有一些相当独特的方法。

首先,我们并不是从一块空白的黑板和一大堆便利贴开始讨论。实际上,无论来自"金钱"组还是"魔法"组,我们的每一位与会人员都带着自己深思熟虑过的创意。这样就保证了我们视角的广度,而不会掉进集体思考的陷阱。

其次,每一个新鲜出炉的创意,都是由提出者从对消费者的洞察力和商业洞察力的交集中提炼而来。这样就保证了我们从起点开始,就冲着同时解决消费者需求和商业需求的一箭双雕式解决方案而去。

再次,我们在分享这些新鲜点子的时候,会进行积极的辩论。我们会对这些点子令人兴奋的方面予以肯定,同时也严格考察实现它的前提条件。这会在会议结束一周内产生一系列连锁反应。没有被辩论过的那些创意，即便非常引起注目，也可能暂时回避了很多问题，如目标市场的盈利性、潜在的竞争产品、市场主导者的盈利能力、产品的潜在家庭用户渗透率以及客户的技术优势或劣势等。我们还从未听说有其他创新流程可以在一个点子诞生后的 5 分钟内，就提出这么多深层次的问题。这也就是辩论的好处。每个存在争议的创意，都会留下一大堆消费者问题给"魔法"组，同时留下一大堆商业问题给"金钱"组。他们必须在规定的时间内给出答案。

尽管现在手头有了一大堆创意，但根据我们的经验，创意数量的多少并不能保证最后的成功。实际上，如果战线拉得过长，就会遇到一大堆散乱又必须解决的问题，从而导致每个创意的进展都非常缓慢，这样反而不利于集中生产力。在这个阶段，创意的数量是不确定的，因为在一场典型的创意讨论会中，与会成员会带着大概 20 个创意和大家分享并进一步讨论。辩论结束后，大约 1/3 的创意会保持原样，1/3 的创意会被修正，还有 1/3 的创意会被直接否定，或被辩论过程中思考、讨论、争辩出的新创意代替。

给所有创意分类后，我们一般便不再讨论下去，而是回去各自独立思考，然后再在约定的时间回到会议室，分享彼此的发现和进展。会议大概会在一周后，大家根据各自的研究成果，砍掉一些创意，把创意总数降到 10 个左右，且每个创意都对应创新策略中的一条商业假设。这些优秀的创意，会被带到客户的工作会议上。在客户的工作会议上，我们会再次辩论，分享那些创意的兴奋点和关注点，挖掘出隐藏的主要问题，利用"大、快、可行"的标准对其进行考察。工作会议之后的一两天，通常都是从理论上对创意进行消费者研究，同时紧紧围绕"金钱与魔法"哲学，遵循来自市场和公司的指引。通过这一系列的研究，最终我们只会带着三四个创意进入下一阶段的工作。在下一阶段，我们会把这些创意发展成一箭双雕式的解决方案。

第13～16周：提出解决方案。这个阶段，我们会针对精心甄选出的三四个创意形成具体的解决方案。这时，我们一方面考虑消费者需求，例如对消费者的洞察力、福利、信任的理由、关键产品功能、用户体验、设计、特性、核心目标等，另一方面考虑商业定位的关键因素，如策略契合度、运营契合度、市场规模、财务前提、风险因素、竞争优势、趋势走向等，然后把这两方面的因素结合或匹配，最后得出某种形式的产品雏形。对于产品雏形，我们通常使用数字模型，因为它比物理模型更灵活，更利于后期快速迭代。但在物理模型更合适的情况下，我们也会果断采用。

完成以上工作后，我们会把解决方案提交给客户公司的管理层，同时拿给消费者评判。这样，我们就再次遵循了"金钱与魔法"原则，即市场和公司的反馈并重。

第18～22周：迭代。到这个阶段，从某种程度上说，创意都已迭代更新过无数次了。接下来，我们会继续优化消费者定位和商业定位。这项工作的很大一部分是找到商业定位的影响因素，包括经济因素和运营因素。

以上便是我们的大致工作流程。有一点必须再三强调：在成果驱动型文化中，流程绝不是成果的保证。而我们应该唯结果论成败。

创新法则 3：不要让创造性或商业性任意一方的势头盖过另一方。 我们的同行，要么以创造力为中心，要么以商业性为导向。他们会通过增加一系列非核心能力来扩展自己的业务技能，例如设计公司会雇几个 MBA，管理咨询公司也会招募一些有创新背景的人。不过，这些人最终都未受到重用。我认为，要真正融合创造能力与商业能力，必须在整个创新工作过程中对这两方面予以同等重视，不让任何一方占据主导优势，另一方落于下风。让创造性和商业性相互依靠，这就是我们的优势所在。

创新法则 4：一个创新模型或商业模型，需要正确搭配"开局者"和"终结者"。 打造一支能够提供一箭双雕式解决方案的团队时，我们发现需要两种人：开局者和终结者。

开局者拥有这样的天赋：可以不断扩大项目领域，不断延伸可能性的范围，不会受到团队决策的过多约束，会不断寻找可能通往目的地的一切道路。他们对创新团队来说有巨大的价值，无论是他们的横向思维，还是对现有答案的质疑精神以及对极限无止境的追求。对开局者而言，万事万物永远存在可以改进的地方。

如果开局者是"阴"，那么与之对应的"阳"就是终结者。在一项既要解决消费者问题又要解决商业问题的结果驱动型工作中，终结者的价值与开局者同等重要。终结者的独特作用是带领团队做出艰难而及时的决策，其决策基础通常只是一些存在很多变数的不完整的事实。为什么终结者那么重要？因为除非决定开始行动，否则你永远无法将创新策略或商业策略确定下来。在创新过程中的关键时刻，我们需要终结者进行抉择，以便让团队从探索性阶段过渡到执行阶段。

为评估创意的优劣，你需要确定初始的产品样本和设计参数。如果是食物类产品，你必须确定以下问题：食谱是什么？原料成本是多少？成品规格是什么？会遇到怎样的经营风险？公司是否具备相应生产能力？是否需要购买新设备？打算进入什么销售渠道？目标定价是多少？与竞争产品相比，它是贵还是便宜？

以上问题，哪怕是最重要的问题，如果项目一直停留在创意阶段，你就无法回答它们。终结者负责把工作的重心从探索阶段转移到执行阶段。如果一个团队里只有开局者，那么他们或许能够想出很多有趣的创意，但很难决定究竟选择哪个创意来落实。如果无法做出决定，团队就会迷失在创意的大海中。反过来，如果团队里只有终结者，那么他们或许能够很快得出答案，但那些答案明显不具备足够的想象力。

有不少客户告诉我们，他们尝试过将创造力和商业能力进行匹配，但不太管用。经过调查，我们发现，原因在于他们的队伍里全是终结者：考虑商业问题时，他们必须费很大的力气才能让终结者们对新的可能性保持稍微开放的态度。这些终结者就像捕蝇草一样关闭了自己的头脑。

世界上有既可以扮演开局者，又可以扮演终结者的人吗？当然有。实际上，他们是创新工作中不可多得的人才，我们一直在寻找这样的人。但这种人实在是太稀少了。他们具有敏锐的头脑，可以瞬间改变自己的思维模式，永不满足地进行广泛地探索，然后下一秒又可以根据项目需要，马上锁定目标，深入到具体细节中。

创新法则 5：让团队内部的考核标准高于外界的考核标准。想象力、乐观主义和坚定的信仰对创新至关重要。但是，除非是花自己的钱从事创新工作，否则我们就需要别人为创意签支票。这些人就是项目投资人。从这些投资人身上，你找不到任何乐观的细胞，他们只会为能够盈利的东西开支票。这和我们发想伟大创意时，信仰可能性问题时坚定不移的态度完全不同。你经常会听到这些大财主们唉声叹气。大卫·汉森 (David Heinemeier Hansson) 和贾森·弗里德 (Jason Fried)

的著作《重来》(*Rework*)中，有一段我特别喜欢的文字，是关于令人沮丧的"真实世界"的。

> 忽略真实世界吧。当你把自己的创意告诉别人时，你总会听到这样的话："那在真实世界里永远不会成功。"听起来，真实世界真是一个不适宜人类生存的可怕地方啊。在那里，创意、新方法和不一样的思想总是无立足之地。能够最终获胜的，永远是那些人们已经习惯的事情。
>
> 表面上看，你会发现"真实世界"的居民充满了悲观和绝望。他们希望新思想死去，他们总是假定社会还没有准备好迎接改变。更糟糕的是，他们希望把别人也拽进他们的坟墓中。如果你对未来充满希望和野心，他们会试图说服你，让你相信你的创意是不切实际的。他们会说你在浪费时间。

大卫是对的。乐观主义是创新的基石之一。每次你想要挑战极限，必须准备好迎接别人的冷嘲热讽。想要让我们的伟大创意走得更远，我们必须忍受这些。但这并非意味着，我们要压抑自己的野心，而是说我们不能仅停留在探索阶段。我们要在"可行性"问题上下更深的功夫。大卫描述的是一个创意刚浮出水面时的情形。在我们的创新实践过程中，那样的场景每天都会发生。不管是先天的还是后天的，我们都是真正的乐观主义者。但在思考如何才能实现那些创意时，我们必须成为彻头彻尾的现实主义者。

我们当然可以抱怨那些负责签支票的大财主们缺乏远见。但事实上，那些人没法承担过于乐观的后果。拿着别人的钱做创新的人，负责聪明无畏；管理层则负责保证做更多对的事情，而不是错的事情。创新的成功是用其影响力来衡量的，所以，负责创新项目的人，不能靠把脑袋埋在沙子里的方法来说服决策人。那么，该怎么办呢？我们只能把内部考核标准提升到高于外部考核标准的位置。一味害怕现实世界，无益于创新工作。用计谋打败现实，征服世界吧。

如果团队内部考核的标准与企业或项目投资人一样严格，那么创新在真实世界的存活概率就大得多。时刻盯紧最关键的问题：这个项目如果想成为优秀的消费者和商业解决方案，需要满足哪些条件？

如果你在发想创意时，为它在真实世界的存活做足准备，就会看到奇迹。例如亚历克斯·伯莎、法伊兹·拉希德、尼克·帕特里奇、桑德拉·比列加斯、迈克尔·斯腾克里克等沸点公司青年才俊，由于自我要求非常严格，他们完全经得起世界500强公司CEO的考验。要知道，沸点公司的创意考验标准，比客户创新渠道的产出标准还要严格。

在把创意提交给客户之前，我们会评估创意背后隐藏的一系列风险。例如经营风险：我们是否能够快速批量生产这种产品？财务风险：这种产品需要多少资金投入和营销投入？需求风险：消费者是否需要我们的产品？能力风险：公司是否具备生产这种产品的能力？品牌风险：这种产品是否能提升企业的品牌价值？还是说它只能成为边缘产品？就算用简单的绿、黄、红计分方法来为这些风险因素打分，也非常有帮助。我们并不是要竭尽全力降低风险，而是比投资人先行一步，替他们考虑机遇背后的挑战。我们知道，高风险的创意，需要更强的说服力。

我们不会每次都这样做，但这样做确实可以显著提升成功率，因为当面对真实世界时，大多数问题都已经被提前解决了。虽然我们不可能发现所有问题，所以我们很坦然地承认，哪些问题已经解决，哪些没有。同时，我们会告诉对方，我们打算在多长时间内如何解决那些重要的问题。这样做可以让投资人更放心。

创新法则 6：像双螺旋结构一样工作。我们整合创造力和商业能力的方法之一，就是使用双螺旋结构，这种工作方法的灵感来源于 DNA。这种结构把解决消费者需求的创造力问题和解决商业需求的商业能力问题，看成两条并行线。在形成一箭双雕式解决方案的过程中，两条线上都有一系列亟待解决的问题。在 DNA 里，两条线都独立地往同一个方向延伸，但从头到尾，每隔一段距离它们就会相遇一次。

在创新实践中，这意味着在形成创新策略、点子和解决方案时，我们的"金钱"组与"魔法"组成员在解决问题的时候，需要时而携手合作，时而独立前进。他们合作时，会分享各自的创意，分辨各自的优劣，向对方的工作提出质疑，并就下一步独立工作时需要解答哪些问题达成一致。总之，他们聚集，分散，再聚集，再分散。

这种时而独立时而合作的工作方式，有两种重要作用。首先，它可以保证两方面的问题都可以按照适合自身的方式解决，不会出现拿商业模型解决创造力问题的情况。其次，在我们的经验中，这是激发人们创造力的最佳方法。在双方合作的时候，我们会交叉思考，交换问题，积极辩论，从而碰撞出大量的思维火花。另外，这种工作方式，会为独立思考留出足够的空间，这就打破了头脑风暴的局限。无论如何，想获得最高水平的创造力，既需要集体讨论，又需要独立思考。

最近，美国宇航局首席知识官埃德·霍夫曼谈到，美国宇航局最大的难题之一是让那些行动迅速、结果驱动型的人慢一点，进行一些有益的思考。他的体会和我们差不多。这就是为什么这种合作又独立的工作方式成了我们的主要工作方式的原因。

沸点公司有一间开放式办公室，专门为人们的合作与创意碰撞提供便利。同时，我们还配备了消噪耳机，让人们在吵闹声中可以沉浸到自己内心进行深入思考。只要你戴上了消噪耳机，别人就知道你正

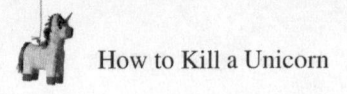

在思考。这就好像你关上了一扇门,他们绝不会打扰你。

所以,请遵循双螺旋结构模型。它是连接金钱与魔法的关键,也是发挥每个人最大潜能的关键。

创新法则7:规则很有帮助,尤其对那些喜欢破坏规则的人而言。有一系列创新规则很重要,而且很有帮助。以下是沸点公司的创新规则。当然,我需要提醒大家一点,这些规则在沸点公司确实有效,但我不能保证它们在任何环境下都有效。

目的地很重要,出发点不重要。无论是"金钱"组还是"魔法"组,无论从哪个角度出发,比如从一条对消费者的洞察力出发,还是从商业洞察力出发,都有发想创意的权利。以消费者为中心的正统创新学说认为,应该首先考虑消费者问题。我们认为,从消费者角度出发,在很多时候的确可行,但这并不是唯一的道路。重要的是终点,而非起点。

在创造力和商业的交集中寻找创意。有意识地创造可以一举解决重大消费者问题,又能解决重大商业问题的双赢解决方案。

明确你的变革目标。我们很容易被产品的各种特性带着跑,从而忽略了真正需要的明确的、简单的变革。

回答每个问题时,提前注意下一个问题。从某种角度说,白纸实际上是一张用隐形墨水写满了问题的考卷。我要解决哪些未满足的消费者需求和商业需求?需要什么样的创意才能满足那些需求?谁是我的目标消费者?我要实现怎么样的变革?我需要什么样的产品?产品的效益和功能是什么?我具备什么样的能力,还需要什么样的能力来制造这种产品?这种产品需要怎样的发展路径,才能变成一个平台创意,而非一次性创意？这个创意能为我们带来什么样的竞争优势？这个竞争优势足够大吗？企业设备达到生产要求了吗？

创新是否成功，取决于创新小组能否在规定时间内尽可能多地解答以上问题。在我们的实践中，这通常需耗时 3～12 个月。我们没必要回答所有的问题，但解决的问题越多，创新成功的概率就越高。

当然，有的问题比其他问题更为重要。最重要的 4 个问题是：对消费者和商业而言，它是什么？它分别可以为消费者和商业做什么？它对消费者和商业有什么价值？它如何工作？除此以外，永远别忘了"下一个问题"规则。

然而，我最喜欢的事情是，规则是专供不羁的思想家们打破的。你在和自己的反对者辩论时，如果有必要，可以直接站起来说："那条规则很蠢，我们打破它吧。"

创新法则 8：设计和创新是两码事。《快公司》杂志编辑曾向我询问对"美利坚设计合众国"的看法。他的意思是，在当今时代，设计对商业的作用比以往大得多。这是一个令人激动的事实。设计地位的上升，为创新者铺就了更广阔的道路。很多公司还没反应过来应该怎样利用设计的杠杆，一些先驱者已经为世人指明了一条大家争相模仿的道路。

每次看到设计师的创意变成了人们梦寐以求的炫目产品，我们就激动得难以自已；每次听到设计师为我们讲解其灵感来源时，我们都沉醉其中。我们之所以对创新孜孜以求，不仅是为了让公众接触到高阶设计，并体验到其中的美妙感受，更是出于宣传的需要，因为市场已经因为选择过多而接近饱和了。

这就如我在《快公司》杂志的文章中所说：在这个竞争激烈的

世界，设计可以创造出外观、内容和体验上的差异。在这个喧嚣浮躁的世界，仅凭强大的功能，产品是无法胜出的。它们必须具备能够被人一眼识别、让人感到亲近且被深度人性化的差异性。所以，我们的部分工作，就是把产品设计得尽可能人性化，且可以引起人们的情感共鸣。

尽管沸点公司上下，都对设计在解决问题时的惊人力量充满热情，但从个人和产品的角度来说，我认为沸点公司之所以能够提高创新成功率，很大程度上是因为我们的理念与主流观点背道而驰：设计和创新是两码事。

创新 3 件事：创意、产品、生意

设计之于创新，犹如空气之于生命。但是，就如生命需要的不仅是空气，还有食物和水；设计也只是创新的重要组成部分之一。

一个成功的一箭双雕式创新需要一个了不起的**创意**——为消费者和公司带来新可能性；一个伟大的**产品**（最好在后续发展成一系列产品）——把那些可能性变为现实；一门伟大的**生意**——围绕创意和产品形成。

只有全部做好这 3 件事，创新才能成功。它们相互依赖，但又相互独立，只做好其中一件，并不能保证另外两件的成功。伟大的创意并不一定能成就伟大的生意，除非它有伟大的产品。反过来，如果产品设计非常出色，但缺乏创意，也就是说，没有强大的价值定位，也无法填补任何市场空白。这件产品或许可以在设计界赢得掌声，但它永远无法成就伟大的生意。而模糊的商业定位会妨碍产品的顺利上市，或者上市后不能获得足够支持，也就不会对人们的生活造成什么影响。

过去数十年，创新界最让人欣喜的发展，就是设计的影响力变得越来越广泛。但这种变化也带来了意料之外的副作用：它模糊了设计和创新之间的界线，导致创新项目的失败率一直居高不下，远离大多数人的期望。

至少在我看来，其中存在的问题是，多年来，设计思维一直以产品为中心，重点关注对产品和用户体验的迭代更新和改善。

很多事实证明，设计师设计产品与设计师掌控整个创新项目之间有着巨大的差别。问题并不是设计在创新工作中的权重过大，而是设计和设计流程完全接管了整个创新工作。这是一个大问题，因为让设计师掌控创新项目，相当于让他做一件与自己一直以来擅长的事完全无关的事。

实际上，这时候，许多设计师会本能地把创新看作设计产品，而非创造一个建立在伟大产品基础上的伟大生意。这之间的差别非常大。我希望，新一代创新者能够在未来十年扭转这一局面。也许在将来，越来越多的设计师，尤其是那些颇具天赋的互联网设计师，将因为耳濡目染或新的设计理念教育，越来越能够理解商业创新策略、产品和商业模式的迭代更新。这也似乎是必然的趋势。

不过，目前大多数设计师和设计公司还处于比较初级的阶段。他们最关注的依然是产品，而非生意。这一设计界传统，在设计思维的广泛传播过程中体现得尤为明显。

设计思维的拥护者努力把创新拉到他们擅长的领域：以用户和产品为中心，把商业需求放到一边。创新成功率迟迟没有提高，甚至有所降低，是因为设计师虽然可以成功说服客户，改变创新流程，却无法拿出既有创意又能盈利且颇具吸引力和说服力的产品，而后者才是商业创新的终极需求。

设计师认为，创新流程的前端不应由商业需求驱动。但现实是，商业需求仍然决定创新流程的后端，决定项目最终能否成功上市。也就是说，设计师把创新的前端和后端完全孤立了起来，但实际上只有二者紧密相连，才能完全打通商业渠道。结果，设计思维在把创新流程人性化方面很成功，但在为公司创新渠道产出更多有利可图的创意方面表现得并不出色。而后者才是商业创新流程的重点。

传统创新者认为，应该把商业需求放在创新流程的前端，而设计思维拥护者认为那是错误的，应该把消费者需求放在创新流程的前端。我们选择终结这场无休止的拔河赛，因为无论是在创新流程的开头、中间还是结尾，考虑商业需求和消费者需求都非常重要。这就是"金钱与魔法"模型的成功之处。

要做到这一点，一方面要提升设计的重要性，另一方面又不能让设计完全主导整个创新过程。这并不复杂，让设计师在他们擅长的领域发挥才能就行了。

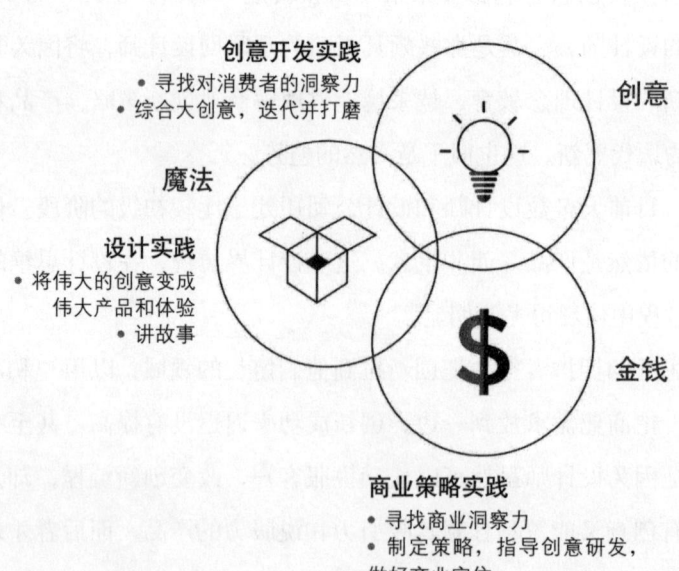

图 16.3　创意、产品、商业关系示意图

为此，我们精心构建了一个组织结构，让所有因素彼此独立又相互联系，即保证创新成功的 3 个必要条件：一个了不起的创意，一个了不起的产品和一个了不起的生意。（图 16.3）形式服从功能，所以我们围绕几个关键功能构建我们的组织。"魔法"组实际上包含两个同等重要的创造力中心：创意发展中心负责发展创意，设计中心负责设计。对设计中心的全部要求就是交出出色的设计，他们从头到尾都在创新过程中起到了重要作用。

创意、魔法和金钱，这三者相互作用。在整个创新过程中，它们都非常重要。但在某些时间点上，它们的重要程度会有所不同。不过，它们永远相互联系，相互促进。

总的来说，上文提到的 8 条创新法则把"金钱与魔法"工具从有趣的理论，变成了可以大大提升创新成功率的稳健的、可重复的流程和组织模型（图 16.4）。

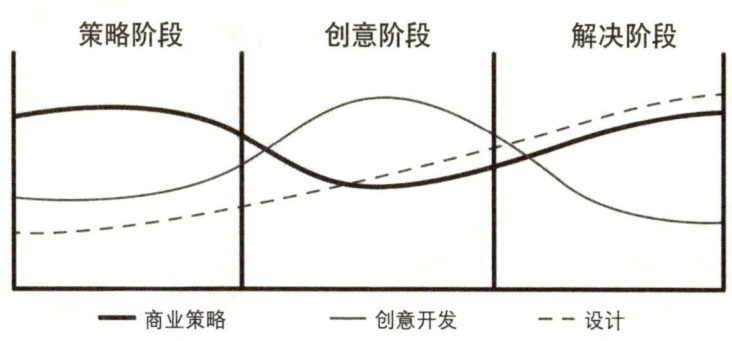

图 16.4　创新项目各阶段的主要任务

虽然我总是一再提醒那些分享自己经验的人，对他们有用的东西放到其他的环境中不一定有用。但我所列出来的这些法则都是经过千锤百炼的，希望它们可以在你周一早晨出门时，提供一些指引和启示。

图 16.5　创新八大法则

后 记

How to Kill a Unicorn

风景在路上，更在终点

在沸点公司，我们把一切都献给了创新：理智、思考能力、孩童般的好奇心、执着、理解力、灵感、直觉、机智、坚韧。

当我们工作出色时，它会奖励我们无与伦比的成就感。创新项目开启第一天，我们在那张洁白的、令人不安的白纸上，填满了清晰可见的愿景。它将变成一件产品，一种用户体验，一个商业领域。总之，它将从一种可能，变成一种事实。

从便利贴到世界每个角落，再到公司的资产负债表，那种愿景创造了价值，让人们的生活变得更加美好。创意要通过重重考验，就必须清理来自企业外部和内部的各种障碍，这正是我们乐此不疲的工作。

我常和朋友说，我们在沸点公司的工作，就好像每周都在生孩子。我美丽的妻子伊丽莎白，是一名艺术家和设计师，每天都给予我工作上的灵感。每当我工作时，她都会在一旁微笑着鼓励我再加把劲儿。这让我联想到作为男人永远也无法真正体验的生孩子这件事。但或许是看到儿子雅各布一天天茁壮成长，让我有底气说，创新之旅中的挣扎、需求和快乐，就和生孩子一样，让人对美好、不确定的未来充满了憧憬、敬畏和骄傲。

人们常说，旅途中的风景就是对旅程最好的奖励。这是一种古老而强大的观点。中国的老子、古希腊的荷马以及现代的史蒂夫·乔布斯，都对这种观点进行了不同诠释。

乔布斯受到禅宗的启发，加上他对创新的热爱，让他关注事物的内在属性，让他找到灵感，然后经过淬炼、表达、打磨，最后任它生长。

然而，虽然乔布斯热爱创新途中的风景，但我们不能忘记，他同样为结果而着迷。最后让乔布斯成功的是看得见摸得着的产品，通过对其不断完善，他提升了它的价值。

乔布斯站在一个至高无上的位置，一个可以让企业家腾飞的位置。他既是产品的设计者，又是产品是否上市的最终决策者。但问题关键并不在于产品是否上世，而是这个产品有多好，上市速度有多快。在创新界，很少有人能像乔布斯一样身兼两职。

对于我们这些普通人而言，我建议，在每天早晨捋起袖子投入工作时，最好稍稍改变一下对创新之旅的看法。

旅途中的快乐，是你唯一确定的回报。另外一种回报，则是我们希望获得的成果，必须努力争取才能得到。

创新的重要性在不断飙升，可是我们用来创新的方法和工具，却依然跟不上时代的脚步，重新成功率更是低得可怜。

是时候扭转局势，让创新之旅的终点和它的旅途一样美好了。

这就是沸点公司整整 10 年的努力方向。

每个周一的早晨，我们是这样做的：

- 乐观一些，利用辩论的创造力，提出一箭双雕式的问题，拿出一箭双雕式解决方案，寻找变革性的问题。
- 审查，审查，再审查；找出独角兽，猎杀它们。
- 心怀伟大的梦想，尝试全垒打（但别想着把球打到火星上）。
- 弯曲但不要折断，全身心投入，把现有能力当成你远航的风帆。
- 别只是嘴巴上说，要有行动，与客户共同承担风险，把投资人的每一分钱都当成自己的钱；不要害怕真实世界，利用自身的优势击退质疑者。
- 翻过每块石头寻找答案，把最难的问题从最后移到最前。
- 无情地问自己，创意需要满足哪些前提条件。
- 不要把某个成功案例中的偶然因素当成普遍真理，区分可以避免的失败和不可避免的失败。
- 不要过分夸大从错误中学习的重要性，成功能够教给你更多，而且学费也更便宜。
- 衡量风险和回报。
- 让公司里坐满人才，告诉他们既要相互合作又要独立思考。
- 不要让流程成为重点。
- 知道什么时候该打开思路，什么时候该做出决定。
- 真正的好创意对市场的破坏力，大于对公司的破坏力。
- 不断提高内部审核标准。
- 得出结果后，就不要再犹豫。

"金钱与魔法"模型，不仅是一种针对创新的创新，也是一种全新的思维方式。它的目的是解决问题，是问题的结果。

但是无论我们把"金钱与魔法"模型看成一种启示、一场革命、一剂拯救创新的药方,还是一个继设计思维、前瞻思维和策略思维之后,又一次创新界思维的积累和升华,都需要你们的评判。

这本书,是为创新之旅上遇到的每一个人写的;也是为沸点公司的联合创立者、我们的伙伴、不断把我们逼到极限的客户(我们也把客户的期望不断推向极限)写的;还是为那些与我们一起合作、努力、憧憬、熬夜、尝试、失败最后走向成功的数百位员工写的。

这些人,是成功对抗让创新滑向失败的万有引力的英雄。面对这种万有引力,他们雄心不减,把创新的价值提升到更高的地方。

7年前,我们刚开始讨论"金钱与魔法"模型。接下来,我们凭借这一模型收获了一系列成果。从一开始在白纸上潦草写下策略和创意,到建立让我们在创新旅途中越走越远的可扩展、可重复模型,我们获得的最大奖赏是,让愿景变成了现实。

我们衷心希望,你在创新之旅的终点能够收获和在创新旅途中同样的快乐,而这本书或多或少能够帮助你做到这一点。

勇往直前吧!

中资海派出品
为精英阅读而努力

自律是更高级的自控

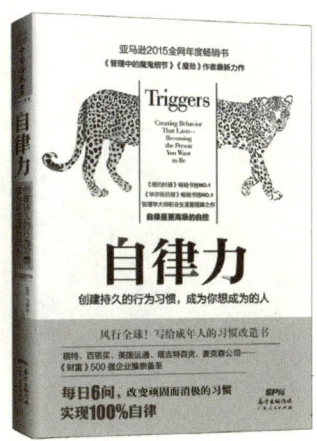

◆ 厨房里飘来培根的香味，让我们胃口大开，却忘记了医生让我们控制胆固醇的建议；

◆ 手机铃声响起，我们的眼神不由自主转向亮起的屏幕，却错过了朋友和家人最真挚的眼神；

◆ 时钟走到7：51时你保证8：00开工，半小时后你又把闹钟设在9：00，你成了"整点爱好者"，却患上了严重的拖延症。

我们的消极反应通常是环境中消极诱因的产物。它们诱使我们以完全不符合自我认知的方式对同事、父母或朋友做出反应。虽然看起来环境并不在我们的掌控中，我们却能选择自己的反应。

然而，选择不等于行动，无论需求多么紧急，改变对我们来说总是很难的事。我们是优秀的策划者，但当环境在工作与生活中发挥影响时，我们就变成了蹩脚的执行者。

[美] 马歇尔·古德史密斯
　　　马克·莱特尔 著
　　　张尧然 译

中资海派出品
定　价：39.80元

**创建持久的行为习惯，
成为你想成为的人**

写给善于制定目标，却难以达成目标的你

风行全球！写给成年人的习惯改造书

中资海派出品
为精英阅读而努力

**无论你的身份和职业是什么
只要想说服别人，你就要销售**

[美] 弗雷德里克·埃克伦德
　　　布鲁斯·利特菲尔德　著
　　　李文远　译

中资海派出品
定　价：39.80元

自瑞典搬到美国的10年里，弗雷德里克·埃克伦德从一没有房地产从业经验，二没有人脉的"外地人"，成功蜕变为全球最激烈的房地产市场的销售教父。

本书是埃克伦德基于他多年的成交经验，创作的一本有关销售和自我提升的实用指南。核心内容包括：

◆ "把任何东西卖给任何人"的10个步骤；
◆ 把网络人气转化成利润的7大高招；
◆ 10大优势谈判成交术；
◆ 利用媒体获取关注的7个秘诀。

本书向读者传授了大量容易掌握且效果立竿见影的产品销售与自我推销技巧，教你如何吸引新客户，让他们喜欢你、信任你，以及说服他们相信：无论你提供什么，都恰好是他们最想要，也是最需要的东西。

**10年成交金额超35亿美元，
纽约销售之神首度公开绝技**

为什么不管多难卖，他都卖得掉，还能卖出好价钱？

销售成绩全美第一，也堪称全球第一

中资海派出品
为精英阅读而努力

以真诚的社交互动激发消费者对品牌的持续追捧

◆ 宝洁旗下的品牌——秘密，原本已被挤出女性用品市场，却因一则简单的广告销量激增85%，它是如何做到的？

◆ 巴塔哥尼亚，户外品牌中的Gucci，力劝客户勿轻易购买其产品的傲慢举动，为何能吸引更多客户买单？

◆ 连锁店遍布全球的帕拉纳面包，传递了怎样的正能量，使得单店平均销售额从110万美元飙升至240万美元？

社交时代，企业永续成功的秘诀只有一个——赢得客户信赖。这种信赖与病毒视频和热门推荐无关。精明的消费者会一眼识破那些换汤不换药的把戏，企业再也无法以引诱、恭维或哗众取宠来换取消费者的忠诚。

作者在《疯赞》中结合新锐研究成果、引人入胜的案例和实用操作建议，分享了企业在社交时代茁壮成长的秘诀。

[美] 鲍勃·加菲尔德
道格·莱维 著
陈 书 译

中资海派出品
定 价：39.80元

消费者更偏好融入了企业精神特质的产品

让消费者赞不绝口的互联网超额盈利指南

万人疯赞，千万人追捧的社交媒体营销宝典！

中资海派出品
为精英阅读而努力

"自私荷尔蒙"引爆团队激情
"无私荷尔蒙"激发高效协作

[美] 西蒙·斯涅克 著
李文远 译

中资海派出品
定　价：39.80 元

从男人狩猎、女人采摘的原始部落，到高度专业化分工的互联网时代，人类寻求安全感与归属感的本能从未改变。但几万年来，我们的环境已经发生了翻天覆地的变化。过去，"自私荷尔蒙"促使我们寻找食物，免于饥饿；如今，我们更需要在"无私荷尔蒙"的激发下相互协作，达成团队目标，进而为个人创造利益。

在很多成功的企业里，卓越的领导者已经运用"自私—无私荷尔蒙"领导法则建立了牢固的"安全圈"，激发全员奉献与合作的本能，创造了超凡的业绩。

在美国海军陆战队，士兵永远排在用餐队伍的前面，高级军官则总是最后吃饭；在零售巨头好市多，CEO 辛尼格以"关注员工而非数据"的方式，创造股价 1 200% 的增长奇迹，超过通用集团一倍；在年均营收增长 60% 的 Next Jump 公司，查理更是大胆采用"终身雇佣制"，打造了一个人才流失率约为 0 的高绩效团队。

建立牢固"安全圈"，实现团队效能 10 倍增长

微软、美国运通、美国国防部、联合国都在用的顶级团队最佳培训教材

你是一个真正的团队领导者吗？

中资海派出品
为精英阅读而努力

**怎样把时间花在
能创造时间的事情上？**

◆ 同样是出勤 8 小时的上班族，为什么有的人能开店、出书、健身三不误，而有的人连看场电影的时间都没有？

◆ 同样一天 24 小时，为什么我们比扎克伯格、马云的产出少，却跟他们一样忙，甚至比他们还忙？

◆ 同样身患拖延症，为什么有的人能"拖得刚刚好"，而有的人却无药可救，关键时刻掉链子？

曾经的"时间管理困难症"患者瓦登，从亲身经历中发现，时间管理的关键在于理解"时间不够用"背后的情感原因。

于是，他以情感管理为核心，开发出一套"时间聚焦漏斗"模型，提出 5 条情感权限，总结出 5 条时间倍增策略，让我们不仅能够提高单位时间利用率，更能够自主"创造"时间，让时间"倍增"

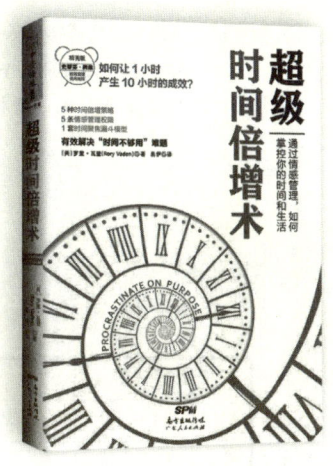

[美] 罗里·瓦登 著
易 伊 译

中资海派出品
定 价：32.00 元

**通过情感管理，
如何掌控你的时间和生活**

如何让 1 小时产生 10 小时的成效？

当时间更多时，拖拉一点又何妨？

"iHappy 书友会" 会员申请表

姓　名（以身份证为准）：_____　　性　别：_____

年　龄：_____　　　　　　　　　　职　业：_____

手机号码：_____　　　　　　　　　E-mail：_____

邮寄地址：_____　　　　　　　　　邮政编码：_____

微信账号：_____（选填）

请严格按上述格式将相关信息发邮件至中资海派"iHappy 书友会"会员服务部。

　　邮　箱：zzhpHYFW@126.com

　　微信联系方式：请扫描二维码或查找 zzhpszpublishing 关注"中资海派图书"

	订阅人		部　门		单位名称	
优惠订购	地　址					
	电　话				传　真	
	电子邮箱			公司网址		邮　编
	订购书目					
	付款方式	邮局汇款	中资海派商务管理（深圳）有限公司 中国深圳银湖路中国脑库 A 栋四楼　　　　　邮编：518029			
		银行电汇或转账	户　名：中资海派商务管理（深圳）有限公司 开户行：招行深圳科苑支行 账　号：81 5781 4257 1000 1 交通银行卡户名：桂林　　卡　号：622260 1310006 765820			
	附注	1. 请将订阅单连同汇款单影印件传真或邮寄，以凭办理。 2. 订阅单请用正楷填写清楚，以便以最快方式送达。 3. 咨询热线：0755-25970306 转 158、168　　传　真：0755-25970309 转 825 　　E-mail：szmiss@126.com				

→利用本订购单订购一律享受九折特价优惠。

→团购 30 本以上八五折优惠。